¡Sssssshhhhhhhhhh!

Haz del teatro algo íntimo

Llévalo siemprz en el bolsillo

Cubierta y diseño editorial: Éride, Diseño Gráfico
Dirección editorial: ángel jiménez
Imagen de cubierta: s/t. Vito Cano

Primera edición: septiembre, 2025

Alfonso X. La última cantiga / El bufón
© Jesús Lozano Dorado
© VdB, 2025
Espronceda, 5
28003 Madrid

VdB®

ISBN: 979-13-87644-39-0
Depósito Legal: M-19387-2025
Diseño y preimpresión: Éride, Diseño Gráfico

Este libro protege el entorno

Alfonso X
la última cantiga

Jesús Lozano Dorado
(Almendralejo, 1970.)

Actor, director de escena, dramaturgo, escritor y productor. Académico de las Artes Escénicas de España y licenciado en Filosofía.

Su obra dramática se caracteriza por un equilibrio preciso entre tradición y vanguardia, con una mirada crítica y mordaz sobre los mecanismos del poder, la identidad, y la testaruda condición humana. Siempre desde una ética de la palabra encarnada —fiel a herir con elegancia e iluminar con ironía—, ha desarrollado una dramaturgia sólida y versátil que abarca desde la tragedia histórica, *Alfonso X, la última cantiga*; la comedia política disfrazada de farsa barroca, *El juego de los embustes*; pasando por la comedia negra existencial, *Un puente al más allá*; la autoficción distorsionada, *El bufón*; el teatro de ideas, *El Gran Inquisidor*; hasta la tragicomedia distópica, *Nada ni Nadie*, perteneciente a la *Tetralogía del Tiempo*. Su escritura no busca consuelo ni complacencia: se sumerge en las crisis, en las fisuras, en la pregunta incómoda, y reivindica el teatro como legado de lucidez, riesgo y sacudida.

Jesús Lozano

Alfonso X
la última cantiga

Esta obra se estrenó en el Palacio de los Marqueses de la Algaba, Sevilla, el 5 de agosto de 2021, interpretada por Jesús Lozano (Alfonso X.) e Inma Cedeño (Violante), músicos y guardias de la corte.

Dirección: Jesús Lozano.

Dramatis Personae

El rey ALFONSO X
La reina VIOLANTE de Aragón
MÚSICOS y GUARDIAS de la corte

Acto único

La escena se compone, en términos minimalistas, de un trono real dispuesto en el centro del escenario —a unos cinco metros del proscenio—, al que acompañan, abriéndose en semicírculo, dos bancos taburetes a cada costado para los músicos y sus instrumentos.

A Madre de Jesu-Cristo
Cantiga 302

Escena Primera

Entran alegres los músicos de la corte de AL-
FONSO X *tocando sus instrumentos. A la orden
del Maestro de Capilla, cesan de tocar y toman
sus asientos. Al instante, los músicos, sin solu-
ción de continuidad, tocan la Cantiga nº 302: A
Madre de Jesú-Cristo. En la segunda estanza, el
Rey* ALFONSO X *entra por el pasillo central de
la platea y sube al escenario, deteniéndose de espaldas al público en el centro del escenario. Una
vez acabada la música, se da media vuelta e ini-
cia su discurso.*

ALFONSO X   La sabiduría es el amor de todos los amores,
el agua de todas las fuentes, y la memoria de
todos los pueblos. (*Silencio.*) Un gobernante
debe ser un maestro para su pueblo, educán-
dolo con el ejemplo de sus propios actos, y es
su deber, no solo asegurar la unidad política
del reino, sino garantizar, ¡ay!, o al menos no
entorpecer, la felicidad y el bienestar de sus
gentes. Un gobernante debe evitar engañar a
su pueblo y no descargar su odio sobre aquellos que no lo merecen, debe ser paciente, re-
huir la ira y esquivar la rabia: Un pacto de lealtad refrendado mediante la utilización del
engaño o del terror: ¡no es válido!

Por mi parte, en este juego de tronos que habitualmente habito, sigo empeñado en satisfacer mi gran meta política que fortalezca y extienda nuestros dominios: Ser nombrado por derecho de linaje y de obras Emperador del Sacro Imperio Romano Germánico en virtud de lo que sería un medio y un fin en sí mismo: ¡¡Expandir nuestros principios y valores a toda Europa!! (*Ríe. Música incidental. Coge un taburete y se sienta frente al público.*) Fue un bello discurso..., tan lejano en el tiempo que no me atrevería a afirmar con rotundidad lo que queda hoy de él... A veces las mismas palabras pueden ser utilizadas como armas, las palabras matan, esos despreocupados sonidos en el aire... Yo, os confieso, he vivido la experiencia brutal del mundo atroz de la guerra, desde que siendo muy joven, tomara parte en las campañas militares de mi añorado padre, el Rey Fernando III... Recuerdo los gritos y alaridos de los moros, el ruido ensordecedor de sus atabores y añafiles, tan sobrecogedora me resultaba aquella colosal puesta en escena, que el cielo y la tierra me parecían desear colapsarse, sepultándose uno sobre la otra.

¿Qué es ser rey? ¿Acaso no arde al fuego mi piel? ¿Acaso no se pudrirá mi carne? La gloria es una gota de cínica alegría sumergida entre mil mares de decepción. ¿Qué soy sin esta corona? Cambiaría todos mis castillos por un pedazo de tierra donde vivir en paz, allá en mi amada Murcia. Cambiaría todo el poder…, por un poco de amor, si pudiera salvarme de este seguro naufragio.

He combatido contra moros y cristianos con idéntica crueldad, sé lo que es degollar, hundir y sacar la espada de las entrañas de un cuerpo destrozado, sé lo que es ver morir a un joven amigo de una lanzada en el cuello, sé lo que es estar cubierto por sangre propia y ajena… *(Se levanta retirando el taburete.)* Mas, cuando llegué a las murallas de Sevilla, comprendí que el dominio militar no significa disfrutar de ninguna superioridad moral ni cultural sobre los vencidos, no…. Tras la ferocidad de aquellos guerreros, fervientes creyentes en otra religión, se escondía un arte y conocimientos prodigiosos. El amor por el legado incomparable de al-Andalus me envolvió desde ese instante hasta hoy mismo… Recuerdo tiempo después, pasear por sus encantadoras calles estrechas, susurrando a la luz de las casas encaladas, los versos del rey-poeta Al-Mu'tamid, cambiando su nombre por el mío: ¡Sevilla es una novia, cuyo esposo será Alfonso, el aljarafe es su corona, su collar es el río!

(Sale. Enlace de música incidental con la cantiga nº 2.)

Os que a Santa María
Cantiga 344

Os que a Santa Maria
saben fazer reverença,
macar se non amen eles,
ela met' i avéença.

No tempo quando de mouros
foi o reino de Sevilla
en aquela ssa eigreja
de Tudia maravilla
conteceu hua vegada;
e mui gran sabor me filla
de dizer como foi esto
por averdes mais creença...

Escena Segunda

Los músicos de igual manera tocan la Cantiga
nº 344: Os que a Santa Maria, hasta que son
interrumpidos por los gritos del rey al comien-
zo de la segunda estanza. El Maestro de Capi-
lla ordena que se agrupen en torno a él en el
extremo izquierdo.

ALFONSO X   *(En off.)* ¡Fuera! ¡¡Fuera!! ¡Dejadme en paz!
(Aparece el rey en el escenario por el costado
izquierdo.) ¡Cuántos emisarios he visto pasar
por palacio!, ¡con cuántos Papas he tenido
que lidiar!, ¡a cuántos príncipes electores he
tenido que convencer!, cuánto capital dilapi-
dado para obtener... ¡Nada! ... Cuánto ab-
surdo sacrificio en pos de un imperio que ya
se ha desvanecido para siempre... Temo ahora haberle prestado demasiada atención a
aquel diplomático de Pisa, que fue el primero en generar la idea, el deseo y la estúpida
ilusión por ser emperador de romanos. Mas
pienso, que pasar a la posteridad por ser un
rey temido y odiado, cuando fue siempre
mi voluntad ser amado y respetado, es, irónicamente, el gran fracaso de mi reinado, y
no lo es perder un imperio, que jamás fue
mío... Cuántos sinsabores a lo largo del

tiempo..., para nada. Ahora..., ¿qué debo
hacer...?, ¿atender los asuntos de mi reino...?
¿Qué reino...? (*Música incidental*.) O tal
vez..., refugiarme en la composición de mis
cantigas, cantarle a mi virgen Santa María las
historias olvidadas hasta perder mi último
aliento; o quizás, jugar una partida intermi-
nable al ajedrez con mi propia sombra; o tal
vez, mirar con detenimiento las estrellas, es-
cribir sus recorridos y sus fabulaciones, des-
cubrir la banalidad del mal: la banalidad de
sentirse el centro del mundo, no siendo más
que un mísero mortal, rey, mas..., mortal.
Ahora que el imperio está perdido..., mi memoria se retuerce melancólica buscando im-
paciente viejos recuerdos de lo que fui...,
¿dónde quedó la gracia y el encanto, envidia
de cortesanos, con el que tratabas por igual
desde un conde hasta un mozo de cuadra?,
¡dónde quedó tu valor para enfrentar los du-
ros golpes de la vida en la paz y en la guerra!, dónde quedó sepultado tanto amor en-
tregado sin medida en cada ciudad, en cada
castillo..., dónde. Ahora que los sueños gi-
gantes se han tornado una vulgar pesadilla,
me parece contemplar mi propia calavera, tal
si la tuviera asida de una mano y estuviera
mirándola a la cuenca de los ojos frente por
frente, como si la muerte ya me hubiera vi-
sitado varias veces y hubiera resurgido de
mis cenizas cual ave fénix legendario..., aunque esta vez la figura que emerge, es la de un
viejo rey enfermo y decrépito, asediado por

deudas, males y derrotas. Ahora que todo está perdido…, ¡un nuevo amanecer se despierta insaciable, roto, por el rugido de leones hambrientos ávidos de sangre y de poder! Nunca imaginé que tantos de ellos fueran mis antiguos amigos, mis propios hermanos, y mi querido hijo, Sancho.. (*Cesa música. Percusión.*) ¡No me dejaré vencer por la melancolía…!, ¡aún me quedan grandes cosas por hacer en este mundo…!, (*Cesa percusión.*) mas, ¿cómo…? ¿Es posible que necesite los consejos de un bufón para que me sea explicado…? Eso es, sí, ¿por qué no?, qué mejor medicina, para olvidar por un tiempo este sombrío descalabro, que reír en los malos momentos como el viejo Maimónides gustaba decir… (*Se acerca a los músicos.*) Cantad, reíd, jugad, volved a soñar… (*El Maestre de Capilla ordena a los músicos volver a sus asientos y tocar.*) Predicaba aquel santo pobre de Asís: No hay mayor deleite que reírse en la cara de lo que te atormenta. (*El rey comienza a bailar mientras los músicos tocan la Cantiga nº 379: «A que defende do démo as almas dos pecadores». En un creciente frenesí.*) ¡As almas dos pecadores…! ¡As almas dos pecadores…! ¡As almas dos pecadores!

A que defende do démo as almas dos pecadores

Cantigas de Santa María Nº 379

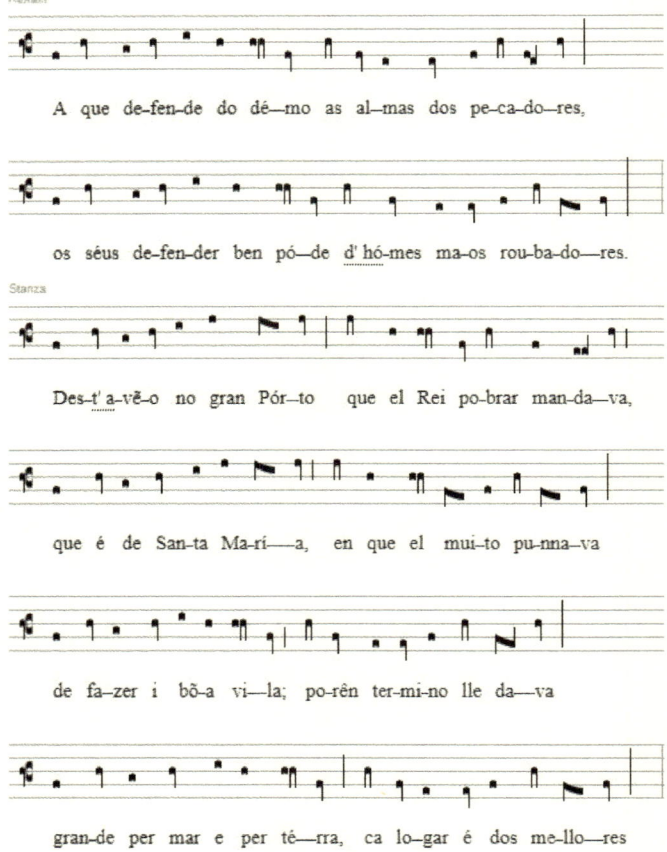

Refrain

A que de-fen-de do dé—mo as al—mas dos pe-ca-do—res,

os séus de-fen-der ben pó—de d' hó-mes ma-os rou-ba-do—res.

Stanza

Des-t' a-vě-o no gran Pór—to   que el Rei po-brar man-da—va,

que é de San-ta Ma-rí——a,   en que el mui-to pu-nna—va

de fa-zer i bõ-a vi——la;   po-rên ter-mi-no lle da——va

gran-de per mar e per té——rra,   ca lo-gar é dos me-llo—res

Escena Tercera

El rey cae al suelo a causa de su frenético baile y por el dolor causado por su enfermedad (cáncer máxilofacial.) E! maestre de Capilla deja su instrumento y corre en busca del maestre Nicolás, el médico de la corte. Los demás músicos se acercan al rey y cuidadosamente, tratan de ayudarlo en su intento por incorporarse.

ALFONSO X   Oh, no es nada…, ya pasó…, estos últimos cuatro meses de largas y soporíferas entrevistas con el papa Gregorio X me han provocado una ligera jaqueca…, ¿sabéis?, es un hombre sumamente obcecado en la tarea de salvar almas…, advertido, por alguno de sus siniestros secuaces, de mis escabrosas y hasta irreverentes poesías satíricas, me obligaba so pena de excomunión a confesar todos mis pecados en riguroso sacramento de penitencia tres veces al día…, el número de mis pecados es tan elevado, que apenas hacíamos otra cosa que rezar padrenuestros y avemarías. (*Todos ríen. Pausa.*) ¿Sabéis lo que me apetece? Deleitaros con algunas nuevas trovas que recién he compuesto sobre las andanzas de mis entrañables nobles de la corte…

Pero basta de preludios, comencemos con el escarnio, ¡arriba esas cítaras! (*Música acompañamiento.*)
Quien vino a pasar la sierra,
no quiso labrar la tierra,
ahora, al entrar en guerra,
¿por qué titubea?
pues que ahora tanto yerra,

TODOS   ¡Maldito sea!

(*Entra un guardia por el costado derecho, exaltado, desaliñado y con urgencia por trasladar un mensaje al rey. La fiesta se detiene de súbito.*)

GUARDIA   ¡Majestad! Os comunico las nuevas.

ALFONSO X   ¡Callad, insolente! No estoy para nuevas ni para viejas.

GUARDIA   ¡Son urgentes, Majestad!

ALFONSO X   No hay urgencia más sana para el alma que reír a destajo ante la calamidad. Andad, acercaos. ¿sabéis tocar algún instrumento?

GUARDIA   ¿Yo, mi señor?

ALFONSO X   ¿Hay alguien más detrás de vos?

GUARDIA   ¿Señor...?

ALFONSO X   Dejad la alabarda y tomad el pandero, ¿podréis seguir el ritmo sin estorbar?

GUARDIA   Pero mi señor, las noticias que he de contaros.

ALFONSO X   ¡Tocad, os lo ordeno!

GUARDIA   Majestad, le suplico atienda mis demandas-

ALFONSO X   O con vuestras manos tocáis el pandero o con vuestra piel desollada me fabrico uno nuevo...

GUARDIA   Majestad...

ALFONSO X   ¡Tocad! (*El* GUARDIA *finalmente toca el pandero.*) Sois igual de terco que mi hijo Sancho... (*Dirigiéndose a los músicos.*) Por cierto, ¿os he contado alguna vez la espeluznante anécdota de su primer día de entrenamiento con las armas de guerra? (*Mira inquisitorialmente al guardia que ha continuado tocando torpemente el pandero.*) Parad...

GUARDIA   Sí, majestad, como vos mandéis..., le recuerdo que...

ALFONSO X   No me recordéis nada, mi cabeza está llena de memorias...

GUARDIA   Pero su hijo...

ALFONSO X   Vais a enfadarme de verdad, truhan…

GUARDIA   No se enoje, majestad, solo que su hijo…

ALFONSO X   Precisamente me apetecía contar una anécdota de mi hijo Sancho…

GUARDIA   Me refiero al otro…

ALFONSO X   El otro… ¡Tengo once hijos! La paciencia,
sin duda, es la madre de todas las ciencias…
¿Me vais a dejar contarla?

GUARDIA   Eh…, tan solo intento cumplir con mi deber, majestad.

ALFONSO X   Magnifico…, pues cumplidlo, haced caso a
vuestro rey: mudo sois desde este momento.

GUARDIA   Sí, majestad…

ALFONSO X   ¡Mudo…!

GUARDIA   *(El guardia hace ademán de volver a decir «sí,
majestad», pero se detiene a tiempo y solo deja
caer la s, que aprovecha alargándola para man-
darse a callar a sí mismo.)* Sssssshhh…

ALFONSO X   En fin allá voy con la anécdota sobre mi que-
ridísimo hijo Sancho, de la que hace siglos
os hablé… *(A un músico.)* Acompañadme…
(Música Incidental.) Pues sucedió que, estan-
do todo dispuesto en el patio de armas, le

ordené al Maestre armero que instruyese a
mi hijo Sancho en los primeros pasos con el
manejo de la espada corta, mas mi hijo, que
apenas contaba con nueve años, tozudo se
empeñó en empezar con la tizona..., ¡papá,
la tizona!, ¡papá, la tizona! ¡Basta! Yo acce-
dí a regañadientes llevado por mi consabido
vicio de no saber decir que no, así pues, el
Maestre alzó su espadón, (*Hace los aspavien-
tos necesarios con su espada.*) y cortando el
viento de derecha a izquierda habilidosamen-
te revoleó con la tizona terminando con des-
treza la secuencia con una estocada directa
al corazón. Yo inquirí al Maestre: «¿no que-
rréis, mameluco, que el chico haga todo eso
en su primer embate?», a lo que él me respondió: «No, mi señor, solo pretendía mos-
trarle lo que se puede lograr con una técni-
ca exquisita», «bien, dejémonos de fanfarro-
nerías», le repliqué. Así las cosas, el Maestre
se dirigió a la criatura con pretenciosos ade-
manes, diciendo: «Alteza, aprenderemos hoy
a levantar la espada», y entregando a Sancho
el acero, colocose enfrente del mozo hablán-
dole con los ojos cerrados cual bardo inspi-
rado por las musas: «Cogedla con vigor y al-
zadla al cielo con pasión, arriba y abajo, arriba y abajo, sentid el hurgón, muchacho, de
este modo fortaleceréis vuestros enjutos mús-
culos párvulos», y el niño bravucón, alzo la
tizona, y embistió como un carnero atrave-
sando sin piedad el corazón del Maestre char-
latán y bocón..., la sangre a borbotones por

su boca como una fuente desprendía…, «¿qué habéis hecho, insensato?», le espeté, a lo que mi hijo tan pancho me respondió: «Páapa, solo tomé el camino más recto al cuerpo del bribón»… (*Todos ríen efusivamente.*)… (*Cesa música.*) Nunca existirá en este mundo familia más peleada, ruda y torcida, y sin embargo, tan pragmática como la mía… (*Ríen.*) Por fortuna el heredero al trono es mi primogénito Fernando…, el reino estaría perdido en manos de Sancho, un rey iletrado es como un burro con una corona… (*Ríen.*) ¡Aunque bien pensado hasta un sapo podría llevar una corona si hallamos el arte de encasquetársela…! ¡Tanto es así, que la historia está repleta de reyes-sapos…! (*Todos ríen. Al guardia.*) ¡Tocad el pandero! ¡Cantemos juntos la alegría de seguir vivos sin imperio ni gloria ni dinero mas con la palabra y la música como único aliento! ¡Fustiguemos a la ignorancia! ¡A los presuntuosos y a los mezquinos! ¡A los cobardes!

TODOS   ¡Glosemos! ¡Glosemos!

(*Música acompañamiento.*)

ALFONSO X   ¡Quien de la guerra se llevó caballeros y a su tierra se fue a guardar los dineros!,

TODOS   ¡No viene al tajo…!

VIOLANTE   (*En off.*) ¡Alfonso!

(*Entra la reina* VIOLANTE *por el costado derecho.*)

GUARDIA   (*Animado como el que más, glosando sin saber muy bien como seguir.*) ¡Quien, quien...!

VIOLANTE   ¡Alfonso!

(*Cesa música. Interrumpe ipso facto los cantos y los vítores de los músicos que se postran ante ella, excepto el guardia que no parece haber sentido la presencia de la reina.*)

GUARDIA   ¡Quien se fue a Sevilla y perdió su silla...!

ALFONSO X   (*Al* GUARDIA.) La reina, majadero... (*El* GUARDIA *se postra con rapidez.*) Aquí llega la muerte revestida con túnicas de seda y terciopelo...

VIOLANTE   ¿Cómo os atrevéis a cantar dichosos sabiendo lo sucedido?

ALFONSO X   (*Cínico.*) ¿El imperio se perdió de nuevo?

VIOLANTE   ¿Tenéis la desfachatez de burlaros?

ALFONSO X   No sé de qué desvergüenza me habláis, mi reina..., tan solo festejábamos como buenos amigos la dicha de seguir vivos...

VIOLANTE   Envié un mensajero con las nuevas...

ALFONSO X   (*Señala al* GUARDIA.) ¡Ja! Aquí tenéis al recadero, prefirió el rufián la algarabía y el pandero a soltar de su desafinada boca aviso alguno, el memo...

VIOLANTE   (*Emocionada y profundamente decepcionada, se dirige hacia el rey y agarrándolo de los brazos lo increpa.*) No os queda ya un resquicio de cordura...

ALFONSO X   (*Provocadoramente.*) No.

VIOLANTE   (*Gravedad en sus palabras, solemne en la puñalada.*) Nuestro hijo Fernando está muy grave...

                (*Sale digna y con presteza por el costado derecho.*)

ALFONSO X   (*Desconcertado.*) Mi hijo... ¡Violante...! ¡Violante...! (*Se dirige al* GUARDIA *que continúa postrado, y lo apunta al cuello con su espada.*) ¿No tenéis lengua, miserable?

GUARDIA   ¿Yo, mi señor...?, mudo me mandasteis quedar....

ALFONSO X   (*Lo empuja con desprecio con un pie.*) ¡Callad...! Mudo os he de quedar para siempre... (*Tras la reina.*) ¡Violante...! ¡Violante...! (*En off.*) ¡Violante...! ¡Violanteee...!

Escena Cuarta

Los músicos se levantan y comienzan a cantar la Cantiga nº 100: Santa Maria, Strela do dia, justo el tiempo que tardan en vestir al «hijo muerto», que este se sitúe en el proscenio y hasta la llegada del rey por el costado izquierdo colocándose delante del trono. En ese momento se hace el silencio.

ALFONSO X   Mi hijo ha muerto..., Fernando, heredero al trono de Castilla y de León y de Andalucía, sin tan siquiera cumplir 20 años, se ha marchado del reino de los vivos al reino de lo desconocido, allá de donde jamás regresó viajero alguno con las nuevas de una próspera vida mejor. Solo una fe sin límites nos alcanza para imaginar semejante empresa, aunque hoy, la esperanza de que algún día volvamos a abrazar a quienes perdimos para siempre, se ha tornado tan frágil como la palabra dada por un gobernante. Mi hijo ha muerto..., los de Lara apoyan a mis nietos, pero los de Haro apoyan a Sancho... Una vez más me hallo en la encrucijada..., en medio de la nada, asediado por dos facciones irreconciliables, que olvidando las necesidades y los intereses urgentes del reino, lucharán desaforadamente

en pos de su candidato. (*Música Incidental.*)
Mi hijo ha muerto…, la noche está tejiendo
su red de infamias y brillan amenazantes cu-
chillos a la luz de pálidas estrellas cuya sombra piso… Cientos de carroñeros se reúnen
oteando desde las alturas, mas no sobrevue-
lan su cadáver con prisa por devorarlo, con
astuta paciencia esperan la llegada de una
presa mayor, que moribunda, se acerca al gé-
lido cuerpo yacente… (*Se aproxima al cuerpo de su hijo tendido en el suelo. Se arrodilla.*)
¡Ni los lazos de sangre, ni la amistad, ni la
jurada lealtad les harán retroceder de su ma-
cabro festín…! (*Cesa música.*) Mi hijo ha
muerto…, (*Levanta el cuerpo de su hijo cual
escultura de «La piedad».* Llora y grita de dolor.) ¡No sé donde mirar sin ver tus ojos!,
¡no sé dónde esconder mi dolor!, no sé si
cantar un himno fúnebre consolaría por unos
instantes mi aflicción, o tal vez, acabar para
siempre con este fatal infortunio con un su-
til y certero movimiento de mi daga sería más
apropiado consuelo. ¿Cómo soportar tantos
ultrajes y desdenes de este mundo…?, los in-
finitos agravios de una nobleza sin escrúpulos que altanera ha elegido morder la mano
que durante tanto tiempo les hubo opípara-
mente alimentado, ¿cómo resistir tantas in-
solentes afrentas y la desalmada ingratitud
de los que tiempo atrás se jactaban de ser mis
íntimos amigos?, los tormentos diarios de
esta enfermedad cual tortura incansable va
horadando sin piedad mis últimos latidos,

¿cómo hacer frente a esta pérdida irreparable que ha secado de repente la sangre de mis venas...?, ¿por qué luchar más...?, cuando uno mismo podría procurarse su eterno reposo con una simple daga... Mi hijo ha muerto..., ¿qué nos cabe esperar ya de un rey que se ha negado a reinar? Me produce un hartazgo indigestible el insoportable hedor de las constantes intrigas y traiciones palaciegas... con el único propósito de medrar y medrar hasta alcanzar el poder, ¡y perpetuarse en él por encima de todo y por encima de todos! ¡Desearía embarcarme en un galeón que me llevase lejos de aquí!, ¡lejos de lo que soy!, ¡lejos de este reino fratricida!, ¡lejos del infierno de sus campos inundados de sangre!, ¡lejos de sus feudos repletos de nidos de escorpiones!, ¡partir para siempre lejos de esta soez amalgama de mentiras!, ¡de este gobierno de nadie...! sin rastro de verdad, lejos..., tan lejos que no pudiera recordar quien soy. Mi hijo ha muerto..., Santa María, ¿es ferviente fe lo que siento por vos o es más bien el deseo ferviente de sentirla...?, tal vez se haya cumplido aquella vieja maldición por haber insinuado que si yo hubiera estado al lado de dios cuando creó el mundo, algunas cosas habrían estado mejor hechas de como él las hizo..., sin ánimo de ofenderos, señora, os confieso en confianza: ¡Cualquier miserable diablo las hubiera hecho mejor!, ¡¡pues son tales las catástrofes, los despropósitos y los males acaecidos en este mundo que más parecen ser obra de un loco!!... (*Música incidental.*) (*Súbitamente avergonzado, transita de la rabia al llanto.*) ¡Oh estrella del día!, perdonad mi insolente atrevimiento..., ¡tened misericordia de mí!, pues en esta desventurada hora mis ojos corren como ríos al igual que el primer día que os vi... ¡Venid en ayuda de vuestro trovador!, tan solo deseo arrullarme en vuestro regazo y sobre vuestro pecho, cual niño en busca de un seguro refugio, descansar mi pesar en vuestros brazos, madre,... ¿no es suficiente castigo, virgen mía?, ¿no es aún suficiente mi condena que has de llevarte a mi mejor hijo...? (*Cesa música. Silencio.*) Mi hijo ha muerto..., mi fe, mi reino y su destino.

Oscuro.

Escena Quinta

Tras un par de segundos, la luz vuelve a ser cenital sobre el rey arrodillado, pero ya sin el cadáver de su hijo presente. Los músicos tocan la Cantiga n° 1: Des oge mais quer'eu trovar, mientras se desviste al hijo muerto y vuelve a su lugar de músico. El rey mientras tanto parece absorto contemplando y hasta tocando el cuerpo imaginado de su hijo. Una vez los músicos están en sus respectivos lugares, el rey se levanta, va hacia el trono y se coloca la daga, la capa y la corona. Se sienta entre explícitos gestos de dolor en el rostro. Entra la reina Violante por el costado derecho.

VIOLANTE   ¿Me habéis mandado llamar…?

ALFONSO X   Así es…

VIOLANTE   Y bien…

ALFONSO X   *(Se dirige al Maestre de Capilla para que paren de tocar y abandonen el salón.)* Maestro… *(El Maestre de Capilla ordena que cesen de tocar los músicos. Hacen las pertinentes reverencias y salen.)* Quiero manifestaros mi intención de cambiar algunas disposiciones en mi testamento y...

VIOLANTE
Un par de amanuenses y el notario mayor del reino complacerían mejor vuestro regio deseo, poco os he de ayudar yo en ese menester...

ALFONSO X   Mi deseo es... ¡ah!, ¡este maldito dolor!

VIOLANTE
Yo también deseo comunicaros mis intenciones.

ALFONSO X
Mi deseo es que mi cuerpo sea dividido y enviado a la tierra que tanto amo: A la Iglesia de Santa María la Real de Murcia y a la Catedral de Sevilla, y mi corazón sea trasladado a Tierra Santa.

VIOLANTE
Complicada está la situación en ultramar para tales viajes...

ALFONSO X   ¡Es mi deseo!

VIOLANTE   Los deseos rara vez se cumplen...

ALFONSO X   ¡Es una orden real!

VIOLANTE
Como gustéis, espero que el afortunado repartidor no pierda ningún pedazo real por el camino, es largo y peligroso...

ALFONSO X   No refrenáis vuestra lengua, mujer, sea cual sea el asunto...

VIOLANTE   El asunto ya no es cuestión mía.

             (*Hace ademán de marcharse.*)

ALFONSO X   (*Dicho entre dolores y como si no quisiera dar-
             se cuenta del significado de las palabras de* VIO-
             LANTE.) ¡Aún no he terminado con las nuevas
             enmiendas!, os afectan a vos también. ¿No os
             interesa lo que tengo que deciros?

VIOLANTE   No. No pretendo mendigar vuestro legado.
             Haced lo creáis más conveniente.

ALFONSO X   (*Se duele de nuevo.*) ¿Vos también me aban-
             donáis, Violante...?

VIOLANTE   Daré aviso al Maestre Nicolás...

             (*Hace ademán de marcharse.*)

ALFONSO X   ¡No iréis a ningún lugar!

VIOLANTE   ¿Preferís pudriros de dolor? Él os traerá al-
             gún remedio...

ALFONSO X   ¡No hay remedio para mi dolor...!

VIOLANTE   Como deseéis, pero igualmente he de mar-
             charme, con los infantes...

ALFONSO X   No consentiré que os llevéis a mis nietos,
             ¡Alfonso y a Fernando son mis herederos!

VIOLANTE · ¿Estáis seguro, mi rey? ¿Ya no lo es Sancho, nuestro bravo y adorable vástago?

ALFONSO X · De sobra conocéis que la guerra con él es inevitable.

VIOLANTE · Vuestro largo silencio y vuestras dudas no han ayudado en absoluto.

ALFONSO X · ¡Es una situación muy delicada y compleja como para tomar a la ligera una decisión justa que complazca a todos!

VIOLANTE · Ese es uno de vuestros grandes males: Querer complacer a todos. El otro es vuestra falta total de sentido del tiempo.

ALFONSO X · ¡Los infantes de la Cerda permanecerán en mi castillo!

VIOLANTE · ¡Ellos ya están en camino desde ayer!

ALFONSO X · ¿Qué decís...?

VIOLANTE · Los infantes ya han partido...

ALFONSO X · Cómo habéis podido...

VIOLANTE · Todo es cuestión de contactos. Todavía mantengo ciertas prebendas en palacio.

ALFONSO X · ¡Mi guardia los encontrará y los traerá de vuelta!

VIOLANTE   ¡Estarán mejor protegidos lejos de aquí!

ALFONSO X   (*Cada vez más furioso, la coge por un brazo.*)
              ¿Dónde los vais a llevar, ingrata?

VIOLANTE   ¡Donde estén a salvo de vos!

ALFONSO X   ¡Decid! ¡Decid! ¡Decid!

              (*La suelta.*)

VIOLANTE   Mi hermano Pedro, rey de Aragón los aco-
              gerá.

ALFONSO X   ¿Huís a refugiaros con quien flirtea descara-
              damente con mi enemigo?

VIOLANTE   (*Cínica.*) ¿Por enemigo habláis de Sancho,
              nuestro hijo?

ALFONSO X   ¡Sí, mi sangre y mi mayor enemigo! O qui-
              zás lo seáis vos ahora, pues habéis logrado
              que vuestro querido hermano Pedro esté en
              posesión del destino de los infantes a la vez
              que aliado a escondidas con Sancho. Brillan-
              te doble juego... ¡No lo permitiré! ¡Guardias!

VIOLANTE   (*Intenta detenerlo.*) ¡Sus vidas corren peligro
              permaneciendo con vos!

ALFONSO X   ¡Guardias!

VIOLANTE   ¡No los podréis detener!

ALFONSO X   ¡Apartad!

(Se presenta un caballero de la guardia personal del rey por el costado derecho.)

GUARDIA   ¿Sí, mi rey?

VIOLANTE   ¡Marchan custodiados por caballeros aragoneses...!

ALFONSO X   *(Anonadado.)* ¿Qué...?

VIOLANTE   El mismo rey Pedro los escolta... Llegáis tarde..., otra vez.

ALFONSO X   *(Por momentos desconcertado.)* ¿Quién diablos rige este reino?

GUARDIA   Majestad, ¿necesitáis algo?

ALFONSO X   ¡Marchaos! *(El* GUARDIA *se retira. Con renovado ímpetu.)* ¿Quién os creéis que sois?

VIOLANTE   Fui hija y soy hermana de un rey, reina hace tiempo que dejé de serlo...

ALFONSO X   ¡Qué autoridad os otorgáis para hacer pedazos lo poco que me resta de vida!

VIOLANTE   ¿Creéis que sois el único que habéis sufrido? ¿Alguna vez os habéis parado a pensar por lo que yo he pasado?, ¿alguna vez os habéis hecho una mínima idea, os habéis preguntado lo que he necesitado en tantos terribles momentos que he vivido? No…, vos solo habéis tenido ojos para los libros, oídos para la música, infinitas horas muertas dedicadas para vuestro Sacro-Imperio-Romano, ¡cuerpo para vuestras innumerables cortesanas y barraganas!, ¡alma para vuestra virgen!

ALFONSO X   ¡Callad!… ¡qué sabéis vos de la soledad de un rey al que hijos, hermanos y amigos han abandonado!, ¡qué sabéis vos de la ingratitud de quienes concedidos amplios favores, bienes y tierras dan ahora su última gota de sangre para destruirme!, ¡qué sabéis vos de las heridas y el horror de un campo de batalla!, ¡de sufrir una enfermedad durante años que me corrompe cada segundo de vida!, ¡qué sabéis de la traición de mi propio hijo y de la eterna deshonra de ajusticiar a un hermano!, ¡qué sabéis de la inefable desolación de perder a mi primogénito! ¡¡Qué sabéis vos!!

VIOLANTE   Lo llevé dentro de mí vientre durante nueve meses…, sé del dolor de un parto y del dolor de una madre. No tenéis derecho a darme lecciones de ninguna clase, y menos sobre la desagradable experiencia ¡y el horror de ver morir a mi propio hijo…! En alguna cosa lleváis razón, yo no sé nada de ajusticiar a un hermano. No necesito presenciar más la debilidad de un viejo despechado y enfermo.

35

(*Intenta marcharse, pero* ALFONSO *la detiene.*)

ALFONSO X   (*Perdiendo poco a poco la cordura.*) ¡Pues habréis de aguantarme aún un poco más!

VIOLANTE   ¡Dejadme pasar, ya no os pertenezco!

ALFONSO X   ¿Qué siniestro plan habéis urdido esta vez para destronarme?

VIOLANTE   ¡Qué no habéis hecho vos mismo para destronaros!

ALFONSO X   ¡No os ilusionéis en exceso con mi caída, todavía guardo suficientes fuerzas para deshacerme de mis enemigos!

VIOLANTE   ¡Tan nefastas decisiones habéis tomado que logrado habéis que familias de nobles irreconciliables, Laras y Haros, se pongan de acuerdo para luchar juntos en vuestra contra!

ALFONSO X   No depositéis una confianza ciega en vuestro hermano Pedro, una vez estén en su poder los infantes, no le serviréis ya de nada, solo seréis un incómodo estorbo para sus fines, él no osará enfrentarse a cara descubierta con Castilla, ni conmigo.

VIOLANTE   No os preocupéis, encontraré acomodo en alguna parte del vasto imperio…

(*Se marcha, pero el rey vuelve a impedírselo.*)

ALFONSO X   Nadie... nunca nadie supo, en realidad, el porqué de dedicar tanto esfuerzo, tiempo y capitales para conseguir ser nombrado emperador...

VIOLANTE   Estoy cansada, Alfonso, agotada de pelear por vuestros caprichos...

ALFONSO X   Eso es, un capricho, vos lo habéis dicho.

VIOLANTE   ¿Qué otra cosa fue? ¿Arruinar a impuestos a vuestro pueblo?, ¿dividir a la nobleza en guerras fratricidas?, ¿vaciar las arcas del reino en beneficio de comisionistas charlatanes que jamás cumplieron nada de lo prometido...? Qué fue ese derroche de penalidades y sufrimientos, sino una burda quimera, una infantil fantasía construida por sueños de grandeza, una vida perdida en el camino hacia ninguna parte...

ALFONSO X   ¡No entendéis nada...! Desde el trono del imperio habría cambiado la forma de gobernar, habría logrado que el conocimiento llegase a todos los rincones de Europa rompiendo con el monopolio de la sabiduría en los monasterios; la música, la poesía, la ciencia, el pensamiento, serían los pilares de nuestra vida y no la guerra; con el poder del imperio habría...

VIOLANTE   Habríais hecho lo que aquí no habéis po-
               dido...

ALFONSO X   ¿No he podido...? ¿Tan injusta os habéis
               vuelto...?

VIOLANTE   Tan injusta como vos lo habéis sido con-
               migo... Seguís siendo un ingenuo soñador,
               Alfonso, ¿por qué creéis que ningún Papa
               accedió a vuestro nombramiento?

ALFONSO X   ¡Los príncipes electores me concedieron ma-
               yoritariamente su apoyo!

VIOLANTE   Sin el refrendo papal eso es papel mojado,
               vos lo sabéis, de lo contrario no habríais per-
               dido media vida intentado convencer a ocho
               papas para lograr el ansiado título. Nunca
               fuisteis emperador, precisamente por pensar
               de esa manera, ¿cómo llegasteis alguna vez
               a tan siquiera imaginar que la poderosa y des-
               piadada nobleza, nobles caballeros que os
               consideran uno más entre ellos, iban a acep-
               tar vuestras eruditas insolencias de rey jus-
               ticiero?, ¿qué inocente plan aventurasteis
               creyendo que el Papado, al que torpemente
               os enfrentasteis en contra de la voluntad de
               vuestro Padre Fernando, apoyando cual gue-
               rrero impetuoso al rey excomulgado de Por-
               tugal, iba a permitiros arrebatarle su poder
               como vicario de Cristo en la tierra?, ¿pen-
               sasteis, iluso rey de trovadores, que las orde-
               nes militares y religiosas iban a concederos

cualquiera de vuestros descabellados propó-
sitos de ningunear su posición y su presti-
gio? No habríais durado ni un par de días
sentado en el trono...

ALFONSO X   ¡Escuchadme reina de las intrigas: no estaréis a salvo en ninguna parte, huís de vos
misma, y allá donde vayáis os encontraréis
con el espejo de vuestra mala conciencia!

VIOLANTE   ¿Me habla de mala conciencia quien está car-
comido por el resentimiento?

ALFONSO X   ¡Venid aquí, yo os haré ver quien sois en realidad!

*(La toma por un brazo y la conduce por la fuer-
za al centro del escenario.)*

VIOLANTE   ¡Soltadme, habéis perdido el juicio!

ALFONSO X   ¡Habréis de oírme, desleal y desagradecida so-
berana de las confabulaciones! ¡Nunca fuis-
teis reina de Castilla sólo un títere en manos
de vuestro padre, jamás pretendisteis ayudar-
me tan solo fingir que lo hacíais cuando os
manejabais al dictado de papá-conquistador!

VIOLANTE   ¡Injustas palabras proferís, sin duda la enfermedad os ha nublado la mente!

ALFONSO X   Sin duda la codicia os ha podrido las entrañas... *(La arroja al suelo.)* ¡En toda vuestra

insignificante vida os habéis preocupado por el reino más allá de presumir y desperdiciar el tiempo socavando mi autoridad!

VIOLANTE   Mentís y caéis tan bajo con vuestras falsas ofensas...

ALFONSO X   (*Loco.*) ¡Idos!, ¡IDOS! Marchaos de donde nunca jamás debisteis haber salido!, ¡regresad a esa inmunda pocilga de intereses creados que llamáis con descomunal arrogancia vuestra patria! ¡largaos de aquí!, ¡volved a vuestra tierra de usureros, a esa irreconciliable selva poblada por una caterva de mercenarios!, ¡os vanagloriáis de ser un reino unido y sois una banda de forajidos a sueldo!, ¡jamás seréis otra cosa que una partida de farsantes disfrazados con buenos modales y gustos refinados, mas en vuestro interior anidan toda clase de víboras con los más bajos instintos asesinos!, ¡fuera de mi castillo!, ¡revolcaos satisfechos como puercos en vuestros fastuosos festejos de postín!, ¡¡manada de analfabetos!!, pertrechados para la cena con briales de seda y mantos de oropeles, ¡mientras os jactáis de henchir vuestro entendimiento con la más absoluta nada! ¡¡Marchad...!! No sois más que cántaros vacíos haciendo ruido al caer, un vil rebaño de traidores al servicio de vuestro amo... Marchad..., marchad...

(*Silencio.*)

VIOLANTE   No os tomaré en cuenta vuestro desaforado
               escarnio, pues ya no sois vos quien habla,
               sino un fantasma moribundo pidiendo a gri-
               tos su final. Malgasté media vida intentando
               salvar este maltratado reino, apaciguando las
               tensiones y rescatándoos de los naufragios a
               los que vuestro egoísta proceder nos condu-
               jo. Ya no me quedan fuerzas para continuar
               con esta farsa...

ALFONSO X   Dejadme solo, podéis marcharos si así lo
               deseáis...

VIOLANTE   Cuidaos majestad... Adiós, Alfonso, empe-
               rador... de los sueños...

               (*Sale.*)

Como gradecer ben- feito

Cantigas de Santa Maria Nº 235

Como gradecer ben-feito
é cousa que muito val,
assí quen nono gradece
faz falssidad' e gran mal.

E daquest' un gran miragre
vos direi desta razôn,
que avēo a Don Afonsso,
de Castél' e de Leôn
Rei, e da Andaluzía
dos mais reinos que i son;
e, por Déus, parad' i mentes
e non cuidedes en al.

Aqueste Santa María
mui de coraçôn de pran
oava mais d' outra cousa,
e non prendía afán
en serví-la noit' e día,
rogando séu bon talán
que morress' en séu serviço,
poi-lo séu ben nunca fal.

E desto que lle pedía
tan muito a aficou
por esto, que ũa noite
en sonnos llo outorgou,
ond' ele foi muit' alégre,
tanto que s' el espertou,
e loou porend' a Virgen,
a Sennor espirital.

Pois passou per muitas coitas
e delas vos contarei:
Ũa vez dos ricos-hómes
que, segundo que éu sei,
se juraron contra ele
todos que non fosse Rei,
seend' os mais séus parentes,
que divid' é natural.

E demais, sen tod' aquesto,
fazendo-lles muito ben,
o que lle pouco gracían
e non tiínnan en ren;
mais conortou-o a Virgen
dizendo: "Non dês porên
nulla cousa, ca séu feito
destes é mui desleal.

Mas éu o desfarei todo
o que eles van ordir,
que aquelo que desejan
nunca o póssan comprir;
ca méu Fillo Jesú-Cristo
sabor há de se servir,
e d' hoi mais mui ben te guarda
de gran pecado mortal."

Tod' aquesto fez a Virgen,
ca deles ben o vingou;
e depois, quand' en Requena
este Rei mal enfermou, ...

Escena Sexta

Entran por ambos costados los músicos de la corte tocando la Cantiga n° 235: Como gradecer ben- feito é cousa que muito val. El rey exhausto, se dirige al asiento del extremo izquierdo, bebe agua de un vaso allí situado. Intenta reponerse durante unos instantes. Va hacia el trono y se quita el brial, quedándose con su vestimenta interior. Se apoya en el trono durante unos momentos. Cesa la música.

ALFONSO X   ¿Después de posicionarme a vuestro favor, de contradecir mis propias leyes y de nombraros mi sucesor, osáis vos, mi hijo Sancho y vuestros incapaces acólitos y cobardes nobles insurrectos, tenderme una vulgar emboscada en la magna asamblea de Valladolid, para desposeerme de todos mis poderes y rentas, y traspasarlos a vuestra persona? ¿Me acusáis de desheredar y desaforar a los hidalgos de Castilla y de León, de despreciar vuestros privilegios, de exigiros más impuestos, de acuñar malas monedas, de reducir las soldadas, de encarecer las mercancías? ¡Proferís insultos contra vuestro padre y rey, llamándome mentiroso y perjuro, demente y leproso, y asesino de gentes sin justicia y sin

razón citando a don Fadrique, mi hermano
y a don Simon Ruiz de los Cameros...! Ad-
mito, que como cualquier padre, cometí erro-
res y concebí acciones equivocadas hacia ti,
Sancho, mas tan grande fue el bien que te hi-
cimos y estábamos haciéndote... ¡qué rápido
me resulta que has olvidado todo!, cuando
deberías habernos amado más que a nadie y
a nada... ¡Cuanto más intenté potenciar tus
intereses, tanto más intentaste dañar los míos;
cuanto más pretendí honrarte, tanto más me
deshonraste; cuanto más te investí de poder,
tanto más me desempoderaste; cuanto más
procuré ennoblecerte, tanto más me humi-
llaste...! Crees que desconozco, que ciego
de ambición, que una vez conseguido deste-
rrarme a Sevilla, reuniste milicias para cap-
turarme y deshacerte de mí, tu padre y tu rey,
¡y embriagado por la cólera al haber malo-
grado tu vil objetivo atacaste Badajoz, y al
fracasar en la toma de la ciudad, con devas-
tadora saña, arrasaste toda la región matan-
do a multitud de gentes inocentes! ¿Me crees tan ingenuo...? ¿Me crees tan loco para
ignorar tus miserables artimañas de necio reyezuelo? ¡Yo te maldigo, Sancho!, ¡como
hombre merecedor de tal maldición!, ¡con-
denado por dios, y quien debería ser abo-
rrecido por todos los hombres!, ¡yo te des-
heredo por rebelde obstinado contra nos!,
¡yo, padre y rey de Castilla y de León y de
Andalucía te maldigo!, ¡te maldigo!, ¡te maldigo por traidor, desobediente, ingrato hijo!

¡Yo te maldigo… (*Música incidental. Cae en el centro del escenario de rodillas, brazos abiertos, mirando a lo alto. Después de unos instantes, reza.*) No basta con rezar… No basta con ser perdonado allá en las alturas si dentro de tu corazón ansias el perdón de aquellos a quienes zaheriste en la tierra que pisamos, ¡¡no basta…!! (*Se dirige al trono tambaleándose.*) ¡No basta! ¡No basta! ¡¡No basta…!! (*Se sienta, abatido, en el trono.*) No existe la paz, señora, ni en mi alma ni en mi mente, desgarradas ambas por la desolación, cual siniestra daga invisible, nos hace desgraciados ante el dictamen de nuestra propia conciencia, abriendo una herida incurable que ninguna vana felicidad puede sanar… ¿Cómo podría perdonarme quien yace sepulto por obra y mando de mi propia mano? ¿Cómo podría…? (*La visión de Fadrique parece poseer al monarca. Se levanta del trono con la mirada fija en un punto. Se esconde tras él.*) ¿Podrías perdonarme tú, Fadrique, mi hermano, por la terrible decisión que tomé arrastrado por la repentina ira que el dolor insufrible de mi cuerpo desvalido me provocó?, ¿podrías, Fadrique…. exonerar a un maltratado corazón que ha atravesado un desierto de penurias con la rabia contenida y desatada en el peor de los momentos…? ¿O acaso tu espíritu, regresando en esta aciaga noche de su sepultura, cual fantasma vagando por las almenas, podría redimirme de esta tortura y de esta amarga pena…? (*Llanto. Cesa música.*

Súbito, enérgico, se arrastra hasta proscenio.)
Tú... ¡Tú me condujiste a mi propia derrota como soberano y como ser humano!, ¡tu infinita ingratitud hacia con tu rey!, ¡tu alevosa traición desmedida para quien todo te lo dio...!, Fadrique..., te perdoné tantas veces tu deshonor, tu deslealtad, mas cuando jugaste con la vida de civiles y soldados viéndolos caer en las tierras hermanas de Navarra y no moviste un solo dedo, ¡cuando yo, olvidando tus anteriores tropelías, te había concedido el mando de mis tropas para hacer frente al enemigo francés que ilegítimamente porfiaba por tierras que no eran suyas!..., ¡y plantado te quedaste a las puertas de Pamplona contemplando la masacre de cientos que esperaban TU AYUDA...! ¿Y tú querías ser rey...? Dime, Fadrique, hermano... ¿Qué rey pretendías ser?, dime, Fadrique, hermano mío... (*Bordeando los límites de la cordura. De la sorna a la furia.*) ¿qué clase de rey podría ver plácidamente morir a degüello a sus súbditos y aún cuando pudiera detener la matanza no mover cielos y tierra para impedirlo? (*Música incidental.*) Mas tú, ni el más ínfimo ápice de tus sentidos mudaste para remediarlo... (*Calma.*) Yo te mandé ajusticiar, Fadrique..., denuncié tus amores secretos con Simón Ruiz de los Cameros... Os envié juntos a enfrentar al enemigo. Juntos me traicionasteis, regodeándoos como hienas sobre la sangre vertida por miles de hermanos. Y juntos os mandé buscar... y

puse deshonroso fin a vuestras vidas... Y allá
en lo más hondo, a la mía. (*Cesa música.*) No
me basta ya con rezar, señora...

Como poden per sas culpas

Cantigas de Santa Maria Nº. 166

Como poden per sas culpas
os omes seer contreitos,
assi poden pela Virgen
depois seer sãos feitos.

Ond' avo a un ome, por pecados
que fezera,
que foi tolleito dos nenbros
da door que ouvera, e durou assi
         cinc' anos
que mover-se non podera,
assi avia os nenbros todos
do corpo maltreitos.

Con esta enfermidade atan grande
que avia prometeu que,
        se guarisse,
a Salas logo irya e ha livra de cera
cad' ano ll' ofereria;
e atan toste foi são, que non ouv'
y outros preitos.

E foi-sse logo a Salas,
que sol non tardou niente,
e levou sigo a livra da cera de bõa
        mente;
e ya muy ledo, como quen sse
sen niun mal sente, ...

Escena Séptima

Los músicos tocan seguidamente la Cantiga nº 166: Como poden per sas culpas. El rey sumamente abatido se retira al trono y se sienta. Una vez terminada la cantiga, el rey se levanta y dicta a un amanuense mientras él mismo empuja el trono hacia el proscenio.

ALFONSO X   Forzado por la necesidad y tentado por la ira, si alguna vez dije, decreté o ratifiqué algo en contra de mi hijo Sancho, lo revocamos y lo declaramos nulo y sin peso alguno. *(Despide al amanuense y sitúa el trono en boca hacia la derecha a modo de reclinatorio en el que se sube de rodillas. Música incidental.)* Bien sabía yo, mi señora, que después que de vos partiese, después que a vos no os viese, nunca tendría sabor…. de nada, porque vos sois la mejor dueña de la que nunca oyese el hombre hablar, pues vuestro buen semblante, sé que jamás otro igual nunca nadie podrá hallar. ¿Qué haré yo cuando no viere vuestro bello rostro? Que el mal que os fue a herir aquel es mío y no vuestro, y por no dejar de amaros tanto, no puedo, ni lo haré, antes bien sé que moriré si no os tengo a vos, a quien siempre amé… *(Cesa música.)* La luz se desvanece en mi memoria como la justicia languidece a lo largo de la historia, como la sonrisa juvenil desfallece ante el inesperado acontecer en la conciencia de ser no más que una imperfecta y perecedera existencia... *(Música incidental.)* Por todos aquellos que luchan por el reino, por todos aquellos que dicen entregar sus vidas por magnánimas ideas, por todos aquellos guiados por la fe en la conquista de almas, por todos ellos, no siento más que un vago desdén... ¡No la gloria!, ¡no el poder!, no ya siquiera el placer en el otoño decadente de mis días busco, tan solo la libertad..., la libertad de mis pensamientos, ¡me otorgo la libertad de equivocarme!, ¡la dignidad de disentir de este océano de afirmaciones salvajes!, ¡no reconozco de ningún bando vencedores! *(Cesa música. El músico sale de escena. Camino a la muerte se aferra al trono en una lucha por mantenerse erguido...)* Paz..., tal vez haya un tiempo para esa palabra. Mañana, ¡oh!, mañana... Apágate ya breve llama..., mi vida ha sido la de aquel incomprendido trovador que ahora canta su última cantiga, pavoneándose inquieto en su momento de gloria y del cual nunca más se sabrá jamás, tal vez una leve huella en la historia contada por un idiota... *(El rey cae lentamente al suelo. Se apoya en el trono. Se amarra a él.)* Todo es silencio... Una vida antes llena de música y de deseo, de furia y de decepción, cuyo significado está vacío... Ven noche eterna, ven y arráncame de la tierra de las angustias y de la mediocridad, donde antes presumía. Ven noche silenciosa, ahora que no soy nadie, nunca seré nadie, ya no deseo ser nada ni nadie..., yo, que tuve dentro de mí, todos los sueños del mundo.

Telón.

El BUFÓN es una reflexión sobre el poder, la decadencia y la lucha interna del ser humano. A través de un único personaje que oscila entre la comedia y la tragedia, la obra desentraña las contradicciones de un bufón que, al ocupar el trono vacío, descubre que el poder es una ilusión tanto para quienes lo ejercen como para quienes lo sufren. En un reino atemporal suspendido entre la gloria pasada y la ruina presente, el bufón se convierte en un espejo de nuestra propia humanidad: absurda, vulnerable y eternamente en busca de sentido. Con un lenguaje cargado de ironía, simbolismo y lirismo, El BUFÓN es un viaje por senderos tragicómicos, una invitación a reírnos de nosotros mismos mientras enfrentamos cuestiones como qué significa gobernar, obedecer y, sobre todo, existir.

JESÚS LOZANO

el bufón

De esta obra se hizo una lectura dramatizada
en la Filmoteca de Extremadura, Cáceres,
el 27 de julio de 2025, interpretada por Jesús Lozano (EL BUFÓN).

Dirección: Jesús Lozano.

Dramatis Personae

BUFÓN
TÍTERE
TRONO

Acto único

Un espacio intemporal que bien podría representar un reino medieval como un reino futurista. Un silencio espeso reina sobre el salón del Trono, *que se alza como un mausoleo grotesco e imponente. La luz, tamizada por cortinas de polvo, baña el* Trono *vacío con un resplandor casi funerario. En las escalinatas que conducen a él, desmadejado como una marioneta rota, yace el* Bufón. *Sus ropajes bermellones parecen manchas de sangre seca; el sombrero de cascabeles pende, lacio, mudo, de su cabeza abatida. El aire pesa, como si estuviera cargado de presencias invisibles.*

Primera Escena
El Trono

El Bufón, *eleva la mirada al* Trono, *gimotea,*
con una mezcla de súplica y desafío.

Bufón

¿No vais a decirme nada, majestad? ¿Ni
siquiera un gruñido…?
¡Vamos, pues!, concededme al menos un
suspiro… ¿Nada?
Os lo ruego… lanzadme una palabra
áspera, punzante, aunque sea el estertor
grosero de un moribundo.

(*Se levanta súbitamente enojado.*)

¡Arrojadme una mueca de desprecio!

(*Silencio. Un rumor violento de viento envuel-*
ve el salón. Se acerca al Trono *con prudencia.*)

Os envenena el silencio… No os enojéis.
¿Os hago un truco?, ¿una burla barata, una
pirueta poética?,
¿os canto un fado?, ¿os cuento un chisme?,
¡un chiste de pendejos!

¿Os doy de comer la sopa, os masajeo el
dedo gordo, paso revista a las tropas?

(*Silencio. Irónicamente comprensivo.*)

¡Oh, sí, os entiendo! Os habéis fatigado de
tanta reverencia vana,
de tanto bufón aficionado, masticando su
risa amarga para halagaros.

(*Cae de rodillas ante el* Trono. *Ruego frenético.*)

¡Majestad, os invoco…!
Sed tirano de nuevo.
¡Llamadme vuestro loco!

(*Haciendo lo que dice.*)

Ordenad que baile, que cante, que
brinque, que trinque, que delire...

(*Silencio. Compasivo y complaciente.*)

Mi rey, ¿me oís? ¿Os pesa el trono?
¿Os hiere el mármol, os duele el aire,
o el silencio que guardáis con tanto celo?

(*Cual Yago susurrador….*)

Sabed que el silencio nunca es limpio ni
sincero,
Es tanto lo que calla como lo que insinúa.

Es el vacío y la amenaza de un ruido que
no llega.

(*Silencio. Se aleja del* TRONO, *resignado.*)

El tiempo, ese traidor que nunca duerme,
os ha dejado huellas más profundas que
mis consejos.

(*Silencio. Mira de soslayo al* TRONO. *Y de repente vuelve hacia él rebelde y desafiante.*)

¡Oh, trono feroz!
¿Quién se sienta ahora en tu vacío?
¡Te lo has llevado como haces con todos!
¿Qué eres sin la carne real de sus traseros
fofos?
Una reliquia para turistas, un frío
monumento.

(*Ecos de viejas risas, llenan el silencio. Ocupando el espacio, alterado, como persiguiendo a las risas.*)

¿Es esto reír? ¿Este festín de huesos,
de gargantas henchidas y corazones
secos?
Ríete del loco que danza sobre un
precipicio,
pero allá abajo, oh trono despiadado,
caen todos: bufón, rey, príncipe y esclavo.

(*Mirando al* TRONO. *Cae en la cuenta…*)

¿Eres acaso inmortal…?

(Se dirige al cielo con aire frenético.)

¡Rey! He de contar, y no callo,
una verdad que en mi pecho arde.

(En las cimas de la desesperación.)

¿Qué sombra te arrastra?
¿Acaso nunca hubo un rey?
¿Acaso nunca hubo nada?

(Cayendo al suelo. Susurra apesadumbrado.)

Mi voz se quiebra…
¿Quién soy sin ti, rey infeliz?
¿Cuál será mi oficio?
¿Hacer reír a las ratas?

(Silencio. Se levanta. Observa, hechizado, el espacio vacío.)

Tal vez el trono me ha robado la cordura…

(Coge una copa y una jarra de vino y bebe compulsivamente.)

No… Lo sé, lo sé, ya he estado aquí antes.
Lo he vivido ya, cada brinco, cada broma.
«¡Bufón, haznos reír,
que la peste arrecia
y el miedo aprieta!».

(Envalentonado por el líquido pasmoso. Perdiendo la compostura.)

¿Dónde estás rey de los vivos?
¿En qué rincón del burdel
te dejaste la corona,
el honor y las vergüenzas?

(Ríe. Se oye el crujir de la madera, y al instante, el sonido seco de un hachazo, retumba en la Salón del TRONO. *Murmullos lejanos y ruidos extraños se cuelan entre los viejos muros de palacio. Invadido de terror. Habla a hurtadillas.)*

Perdonad mi insolencia
oh rey, divinidad terrestre.

(Traga saliva. Para sí.)

Sentí el filo del hacha
acariciándome el cogote,
y ¡zas!, mi cabeza rodando
caía a una poza de sangre.

(A lo importante. Indignado con... él mismo.)

Qué brutalidad, mi señor
os tuteo como si fuerais...
mi siervo.

(Genuflexión en cuatro pasos.)

Me humillo
me corvo
me aplasto
me hundo en el fango
y os compongo una elegía
que ni Lepanto.

(Se levanta con renovado espíritu. Declamatoria
pantomima.)

¿Dónde huyeron… aquellas cabezas
postradas que os temían,
con la espada envainada y la mirada
vacía, gesticulando por favores
repitiendo palabras huecas,
como si la vida fuera un juego
travieso de sombras y espejos,
… y no un juego de mentiras,
el frágil hilo de voces que el viento
salvaje del tiempo pierde en
el olvido?

(Breve silencio. Al público.)

¿Lo repito…?
Por eso soy el bufón del reino,
me escogieron por mi retórica poética
no por ser enano ni un bicho feo.

(El niño bueno….)

¿Fue de vuestro gusto la glosa…?
¿Me perdonáis, majestad?

(*El niño llorón.*)

¡Oh, no tengo perdón,
mi señor,
no tengo perdón!

(*Silencio. Se sienta en las escalinatas. La víctima
soy yo.*)

¿Tanta dureza guardáis, para quien fue
espejo de vuestra locura?
Os busco…, pero ya no sois nada,
ni siquiera el eco de una voz apagada.

VOCES

(*En off. Voces de mujeres en letanía.*)

«Los tronos vacíos
son los que más pesan…».

(*Bis.*)

BUFÓN

(*Se levanta enajenado por la aterradora revela-
ción. Comienza a bordear el íntimo delirio.*)

No. ¡No os creo!
¡La envidia que os corroe levanta estatuas
que son escarnio
Solo ha cambiado de forma,
se ha convertido en algo más grande,
más profundo,
algo que no necesita trono,

ni corona.
Ahora es el viento,
el polvo que cubre los caminos,
la estela del cometa,
o tal vez…
es el puro azar
que con justicia ciega
a ciegas nos gobierna.

(Un zumbido leve, pero poderoso, resuena en el interior del TRONO. *Instalado en la alucinación.)*

¿No sentís su presencia?
Su voz anida en mis oídos.

(Ríe locamente.)

¡La sombra de sus pensamientos
es la materia oscura del universo!

VOCES

(En off.)

«El rey no es quien gobierna…».

(Bis. Absolutamente ido.)

BUFÓN

¡Mentís, mentís! ¡MENTÍS…!

(Silencio. La tragedia y su mueca. Campanas a muerto se filtran por las grietas de los muros invisibles. El BUFÓN, *poco a poco se recompone y*

como empujado por una fuerza exterior, se apro-
xima al TRONO *recorriendo un camino indescifra-*
ble, y a la vez, ineludible.)

¡Rey!, ¡yo os invoco…!
Y os declaro muerto.

(Se sienta en el TRONO.*)*

Miradme:
Soy el espejo y el reflejo de
los tiempos.
Yo, soberano de todos los necios,
decreto la felicidad perpetua.

(Se levanta con energía.)

¡Vedme, vedme aquí!
¡Rey de nadie! ¡Rey de sombras!
Gobierno fantasmas, ministros de pega,
y en vez de caballeros, mantengo cucarachas.

(Baja las escalinatas.)

Ya no soy un rey, ni siquiera un bufón,
soy un espectro, una risa maldita,
un antiguo dolor.
¡Vengo a danzar, a reír, a hacerte
brillar!

(Breve silencio. Mira al TRONO *como si fuera un
ente vivo.)*

Porque gobernar...
ya gobierna Él.

(*El* TRONO *se enciende con luces interiores, el respaldo se vuelve una pantalla donde miles de códigos son expuestos. Saca de uno de sus bolsillos un pequeño espejo, lo mira y ríe con picardía.*)

La verdad, ¡ay!, mi señor, nunca respira,
es una sombra que se escabulle al tocarla,
mas la farsa... ¡la farsa llena los campos,
los tronos y las cabezas!

(*Suelta el espejo con gesto dramático. Mira al público. Con voz enigmática.*)

Testigos o cómplices, ¿qué es lo que veo?
El rey vendrá...
o jamás volverá.
Tanto más da,
mas mientras tanto,
juego en su lugar.

(*Sube las escalinatas y se sienta nuevamente en el* TRONO.)

Escena Segunda
El arte de ser bufón.

El salón del Trono *se embriaga de un aire entre festivo y putrefacto. Una música chirriante de trompetas y tambores desacompasados acompaña la entrada del artista, que se levanta del* Trono *con una corona torcida, en una mano su títere y en la otra, un hueso de jamón como cetro improvisado. Viste una capa hecha de retales y colgajos de oropel, como un falso rey salido de una feria grotesca. Se levanta del* Trono *copa en mano.*

Bufón
   ¡La risa es la espada que yo esgrimo!,
  el único rey leal que firme en su trono
         se aferra,
     un rey que jamás abdica,
   no teme el acero ni al malhechor,
  ni evitar se puede en un funeral.

  (Baja las escalinatas.)

    ¡Abrid paso, excelencias,
   que empiece la función!
     ¡Honorable corte
   de ilustres rufianes,
  comensales voraces

de este reino sin redención!
Por vos, el titiritero real,
ofrecerá su humilde repertorio.

(*Salta, brinca, hace malabares con lo que pilla a mano.*)

¿Qué os place? ¿Una danza? ¿Algún salto mortal?
¿o un prodigio más... audaz?
¡Oíd, oíd, indigentes de la corte!
Aquí se cuentan prodigios y milagros:
en la cueva del tesoro se abrió el portón,
y mientras las ratas danzan
el rey duerme en su colchón.

TÍTERE

«¡Yo no vi, ni supe, yo no quise ni mirar!
Soy un rey que firma a ciegas
y deja a sus asesores... volar».

BUFÓN

¿Qué holgazán manda en
este baile de buitres y cerdos?
¡Que alguien despierte al rey!

TÍTERE

«El rey no está, pero manda».

BUFÓN

¡Oh, noble corte sin dueño,
hogar del oro y del cieno!
Reyes de ayer, sombras de hoy,
¡susurradme vuestro trueno!

(Se inclina escuchando un secreto invisible.)

Os escucho...
Hubo una vez, en la noche,
cuando el aire olió a festín,
que un ratón, pequeño y torpe,
descubrió un saco sin fin.
«No hay robo ni dolo, ¿decís?».

TÍTERE

«Solo un cobro de favores...».

BUFÓN

Cuando el oro brilla, maravilla,
y en la mesa hay para todos...

TÍTERE

Los que viven de rodillas.

(Silencio.)

BUFÓN

Reinar... bufonear... ¿cuál es la diferencia?

(Se dirige al público.)

¡Os ordeno reír!,
aunque la risa os duela,
y en su cárcel de huesos
el corazón se retuerza.

(Silencio. Arroja el cetro hacia atrás.)

Ah, para qué fingir…
mi reino es un juego de sombras,
mi gloria, un teatro vacío,
un mar de vanidades,
señor soy de un poder
que ni manda ni espanta.

(*Zumbido del* TRONO, *luces interiores. Voz de ul-
tratumba.*)

VOZ DEL TRONO
                    Si tu fueras rey…

BUFÓN
                    ¡Trono insensato…!
                    ¡Vuélvete a dormir!
                 El poder no es más que…
            un ciego y manido mal invento
                    que solo trae
                        censura,
                        tormento,
                        locura…

VOZ DEL TRONO
                    Empoderamiento…

BUFÓN
                    ¡Yo no quiero ser rey!

(*Silencio.*)

            Oh, miento, miento, miento…
                    ¿Quién no ansia

ser del mundo su dueño
y hacer y deshacer
a su antojo y placer,
tener y gozar
de cuanto el tiempo le conceda
vivir sin miedo y sin cadenas
reinar en el destino que lo espera?

VOZ DEL TRONO

Si tu fueras rey..

(*Sueña despierto.*)

BUFÓN

Si yo fuera el rey. .
«Trompetas,
banderas,
guardias,
seres de todo género,
venid a mí...».

(*Decidido.*)

El poder no se gana ni con votos ni con fe,
sino con miedo, y yo sé sembrarlo bien.
Sería rey, sí, pero no por ser más sabio,
ni por ser valiente o elocuente, no,
no por ser más válido que mis Balidos,
ni por ser más justo ni más coherente
que vos o que vos o que un juez decente,
sino por saber jugar al juego del poder,
ser un maestro del engaño cotidiano
con astucia de zorro plateado

y un poquito de chifladura
o de caradura,
como un actor que interpreta un papel:
voz, gesto, cuerpo y mirada,
son mis herramientas
para preparar el pastel.
Sería un rey así o asá...
¿un dictador ejemplar,
un maquiavélico sin compasión
o un caudillo popular?
No un monarca de adorno, no,
mejor, un autócrata sin dignidad.
¡Eureka!
Ya sé que rey me molaría ser...

(Pletórico, brillante y a todo trapo.)

Érase que se era un mandamás
sin escrúpulos ni temor,
un truhan de largas tragaderas,
que por tragar tanto tragó
que explotárense las cloacas
de sus corruptos intestinos,
pues era su único destino
el espejo y la adulación.
¿Dormir o no dormir?,
he ahí la cuestión.
«¿Caballeros a mi favor...?».
Los números no dan
y aunque dije lo que dije
habré de pacer con el enemigo
en el mismo cuartel.
O más tarde me sorprenderéis

aliado con el mismo Lucifer
y habré se tragarme otra vez
mis principios de alquiler.

(Canta y baila, escalinatas arriba y abajo.)

¡Soy el rey felón!,
que todo el reino
patas arriba pongo.
¡Y hago lo que me da la gana!
sin remordimiento,
a destiempo y con desgana,
de mala gana,
«na'másquepor...»
lucir palmito,
durar y curar,
sin ton ni son,
mandar y mandar
porque lo valgo yo.
El engaño es mi señera,
no tengo bandera ni corazón.
Y si los tengo de trapo son.

(Volviendo a la tierra.)

Bah...
¿Por qué ufanarse tanto?,
el poder me aburre,
me vence el sopor
y la siesta no perdono
ni el buen vino ni el jamón
serrano.
¡Qué infame vividor soy!

Ahora…, ¡vive dios!
no voy a poder dormir…
una peste me persigue,
un astuto bichejo,
un insecto voraz,
contagioso y julandrón
me arruinará el banquete
y el disfraz.
Tal es la antipatía generada
por bulos y chantajes que
si me atrevo por desliz
a asomar un pie en la calle…

TÍTERE

«¡Qué podrida mala conciencia!,
¡qué cerebro de mosquito,
estulto reyezuelo,
vil gusano sin honor,
inmunda rata agazapada
en el miedo ajeno!, ¡cobardón!».

BUFÓN

Es esa mi cruda gobernanza.
Soy una víctima de mis excesos.

TÍTERE

«¡Qué judas,
qué traidor,
qué granuja,
qué impostor!».

BUFÓN

Es el sambenito que me han colgado.

(*Golpeando al* Títere.)

¡Qué gentuza sin coraje,
malas artes,
baja estofa,
negra sangre
corre por sus venas!

(*Atolondrado.*)

Títere

Cubierto por el manto
de la epidemia de idiotez.
Dormir... durmió,
...sobre un grotesco montón
de muertos.

Bufón

¡Calla, bribón!

(*Volviendo del sueño.*)

¡Qué rey más chungo
habría querido ser!
¿Un rey de bufones
o un bufón de rey?

Voz del Trono

Un vulgar bufón.

Bufón

Te crees muy listo, ¿eh?
¡Montón de zarrio!

No serías nada,
sin el dedo que te enciende.

(Se acerca al Trono *y pulsa un botón del brazo
izquierdo del* Trono, *apagando sus luces y su zumbido.)*

Y ahora vete a dormir el sueño de los tontos,
yo necesito bajar a la tierra y comerme un colín,
que es todo el poder que el hombre anhela:
Darle gusto al pilindrín.

(Sale acompañado por una sugerente fanfarria.)

Escena Tercera
El lupanar.

El BUFÓN *está dormido en el* TRONO. *A su alrededor, restos de una orgía apagada: copas vacías, máscaras rotas, y una atmósfera que evoca decadencia. Una repentina carcajada fantasmagórica rompe el silencio. El* BUFÓN *despierta de su resaca.*

BUFÓN

¡Ay…!
¡Pésame, que anoche
el cuerpo rogó jarana!
¡Ay!, tanta pena y aflicción recorren mis venas
que tres meses llevo ya teniéndolo a pan y agua.

(Se levanta del TRONO, TÍTERE *en mano, baja de las escalinatas y deambula por el salón.*

TÍTERE

«¡Goza, bufón!».

BUFÓN

Me susurró al oído el ángel caído.

TÍTERE

«La fortuna te llama, cretino.
Sal a la aventura

a la casa donde danzan
los placeres clandestinos,
gasta ahí lo que has ganado,
que el placer te dé su amparo,
que te libre del pecado
de vivir como un monje triste,
entre sopas y recato,
y despacha allí el calvario
de tu espíritu cansino y pacato».

BUFÓN

Y yo, bufón desdichado,
presto a buscar un buen remedio
donde calmar el hambre insana;
Esclavo de mis instintos,
como sonámbulo al que le nacen las ganas,
fui obediente al reclamo.
Y llegué donde solía, a casa de Feliciana.
¡Ay, canalla!, al torcer la esquina, ¡qué maldición!,
¡hallé la puerta del amor,
como un convento de santas,
a cal y canto chapada!
¡Voto y reboto a dios y al diablo!,
¡qué afrenta, qué desagravio!,
¡qué puñalada trapera en el alma!
¿Quién fue el bellaco, el desalmado, el ruin,
que me ha birlado mi derecho a la indecencia
clausurando la santa casa del buen fin?
¡Ay, si supiera quien ha sido el criminal!
Juro por las barbas de su abuelo,
ya sean bermejas, calvas o blancas,
que me remango las mangas verdes
y desenvaino la... pluma,

y le compondría una diatriba tan afilada
que le escociera donde se pierde la espalda.
¡Ay, tres meses viudo,
viviendo a salto de mata!
Sirviéndome de palabras vacías,
picando allí y allá,
en pécoras que no valen
ni el rosario de sus rezos.
Y ahora que plugo al diablo
darme unos reales de plata,
encuentro que no hay mortero
donde gastarlos en salvas.
¡Ay de mí, cómo me duele este castigo,
que se me saltan hasta las lágrimas!
¿Dónde estaréis queridas mías,
Marina la Toledana,
Rocío la Pechugona,
Marieta la Saltarina?
¿Dónde la madre Feliciana,
abadesa del convento impío,
sin cuyo látigo y corregimiento
ese paraíso era un infierno?

Desolado por el infortunio
de estamparme la puerta cerrada
día tras día en mis narices,
pregunté a los consejeros del reino
qué razón había para tal entuerto.
Y he aquí que el cuerpo me dio un revolcón
y el alma aún se me estremece:
¡los pájaros cantaron al unísono
que yo mismo fui quien ordenó
el cerrojazo de toda casa

de mala reputación!
Pero…
¿quién soy yo, el rey mismo
o el bufón que le aconsejó
cometer tal desvarío?
Este dilema me atormenta…
¿soy la mano del verdugo
o soy el susurro cruel
que a la caza de brujas incita?
Averiguarlo no costará nada.

(Loco desairado.)

¡Qué se derogue ese incivil decreto!
¡Quiero abiertas las puertas del vicio!

(Breve silencio.)

¡Cumplid con mi mandato!,
¿no soy yo el rey del barro?

Títere

Eres el rey de los guarros.

(Se desprende con violencia del Títere.)

Bufón

¡Maldito cascajo de trapo!
¡Oh, no me rendiré!
Soy el viento que sopla en todas la velas
buscaré otro hilo y otro laberinto,
otra esquina, otro templo,

donde los deseos se conviertan en ley
y las máscaras caigan una por una.
Que si el pacer no me encuentra,
yo lo invento,
y en un brinco,
volveré a reírme de todo...
¡aunque me esté
pudriendo por dentro!

(*Silencio. Resignación solemne.*)

De nada sirvió la alharaca.
El castillo se hundió en una orgía de silencio.
Los cuerpos que danzaban bajo lunas paganas,
se han exiliado a otro reino.

(*Silencio.*)

Y tras tres lunas heladas
de obligada castidad,
aquí me hallo:
más solo que un rey.
Pensando, pensando que...,
tal vez, haciendo números,
más barato me salga:
para la carne,
firmar ahora mismo escritura
de matrimoniar mañana,
si hay amigos que me ayuden
a sobrellevar la carga,
que la cruz del matrimonio
es una cruz harto pesada;

y para el espíritu,
cometer un suicido colectivo
de todas mis caras.

(Breve silencio.)

Mi alma se desmorona...
¡Ay, mandar cerrar la casa de la alegría!
El rey no tiene cabeza..., pero tiene corona.
Mas, silencio... Un fantasma acecha...

Escena Cuarta
Contra el poder.

Voces lejanas de lamentos, ecos de guerra, gritos de hambre llenan el ambiente. Sonidos de cadenas que se arrastran por el piso como si se acercaran donde está el BUFÓN. El escenario se oscurece completamente dejando solo un cañón de luz sobre el BUFÓN que porta su TÍTERE. Una voz subterránea, lo interpela con gravedad. Zumbido y luces interiores del TRONO.

VOZ DEL TRONO

«¿Dónde vas, bufón, sin tu rey?».

BUFÓN

Voy a ninguna parte,
como todo el mundo,
y venir, de parranda venía,
sin éxito alguno,
como casi todo el mundo.
Para la faena de gozar
todos los reyes me sobran.
¡Qué diantres, me sobran siempre!

TÍTERE

¿Por qué necesitamos un rey?,
¿para que nos dicte lo que hacer?

Ah, claro, pensar cansa,
y la voluntad es tan perezosa,
un músculo que rápido se atrofia.

BUFÓN

Necesitamos alguien desalmado
a quien obedecer sin espanto,
alguien inhumano a quien
dirigir nuestra rabia
en caso de que el trabajo
no salga como lo esperado.
Un rey, un líder, un guía,
un pastor que cuide de su rebaño,
es todo lo que anhelamos
para realizarnos como persona.
¿Qué haríamos sin el capataz
que ordene nuestras caóticas vidas?

TÍTERE

¡Retozar y retozar, bufón viejo verde!...

BUFÓN

¡Vamos, espabila!
¡Derroquemos a este rey!,
y ensalcemos a otro en su lugar,
eso sí,
nada de sangre azul,
ni de logias secretas,
nada de clases altas
terribles y pudientes.
Un valiente nacido del pueblo
que nos prometa libertad,

justicia y paz,
y bienes caídos del cielo,
manjares a buen precio.
¡Entretenednos con bufones
que laman la piel del nuevo amo,
que dirijan en los teatros
comedias blancas como la nieve,
y si hay que dar palos,
que sea a los vencedores,
que son ahora los derrotados.
Ay, a este santo varón
sabremos instalarlo
en el mismo palacio
que al fiero tirano derrocado.
Queremos un nuevo líder
que nos enseñe a vivir
en esta jungla de temores,
alguien que tome las decisiones,
esperando que fracasen
tumbados en la cama.

TÍTERE

«No tenemos la culpa de nada
fue el tipo de arriba
que no supo hacer bien su trabajo».

BUFÓN

¡Una súplica lanzo al cielo!
¡Enviadnos un mesías
que sentido dé a nuestra vida!
Aunque sea una mentira,
pero bien contada.

Títere

> ¿Pero quién cojines decidió
> que sin un tirano
> elegido o no,
> sobre nuestra espalda
> el mundo se cae en pedazos?

Bufón

> Nos gusta ser libres...
> pero sin serlo.
> Juramos en arameo,
> blasfemamos en tirolés,
> pero, os lo ruego,
> que alguien avezado
> tome la corona después.
> Nuestras livianas cadenas
> son de plata fina,
> y en verdad no aprietan
> tanto como dicen
> los esclavos en galeras.
> Ay, ¿qué sería de nosotros
> sin vos, líder supremo?
> Perros sin dueño
> vagando en busca de comida,
> al albur del frío y la lluvia,
> sin un refugio calentito
> donde lamernos las heridas.
> ¡Qué indigno de un ser humano!
> Abran esa jaula
> donde se está tan a gustito...

TÍTERE

>Ah, ya te entiendo ganapán:
>«Imagínate que fueras libre,
>y tuvieras que cargar con
>tus propias cagadas.
>No, no sería de recibo
>tal temeridad».

BUFÓN

>¡Revolución!
>Me cansé de este déspota carnicero,
>dadme una nueva forma de obedecer
>una nueva cara en el espejo del poder.
>Cortemos cabezas
>de reyes y de títeres
>que todo sea un caos
>y en el caos se alce
>un ser, que siempre los hay,
>que organice con esmero
>un nuevo orden mundial,
>y obedezcamos esta vez
>no como dios manda,
>sino como nos salga del
>... corazón.
>¡Elijámoslo nosotros!
>y al carajo con las leyes,
>los reyes y sus sombras.

TÍTERE

>Es un acto agotador
>elegir al mandamás,
>y estar unos años a la bartola
>viendo como se desploma.

¿Para qué la libertad
de elegir nuestro camino
si puede otro más listillo,
hacernos ese favor?

BUFÓN

Un grito se eleva
tras unos años de mandato:
¿De dónde ha salido ese represor?

TÍTERE

De donde han salido todos los verdugos:
de nuestras propias filas.

BUFÓN

El tirano no es un hombre ni una mujer,
es el reflejo de nuestras miserias,
cobardías de bocas calladas.
El tirano es la bestia que llevamos dentro.

TÍTERE

Les cantamos loas,
panegíricos les recitamos...
Los adoramos, los jaleamos,
les lanzamos besos y sostenes,
¡guapo, qué bien te meneas!
y finalmente... los linchamos.

BUFÓN

Nos encanta encumbrar
y pasado un tiempo... acribillar.

(*Silencio.*)

¿Dónde voy, decís?
¡A la farsa, a la gran función del poder!
Venid actores de toda calaña
colocarse bien el bigote,
las caras pintadas,
las cadenas bien sujetas,
la máscara que no se caiga
que rule la mentira y la discordia
acabemos con este rey para siempre
derrotemos al opresor,
abajo con el tirano,
viva la revolución de los bufones
contra el poder establecido
y contra el que se quiera establecer.
Fuera cadenas
fuera la ley bastarda
fuera dioses de barro,
¡viva la libertad!
Y ahora dejadme en paz,
que voy a donde iba...

TÍTERE
A conocer al heredero...

VOZ DEL TRONO
No es tan fácil derrocar a un rey,
aunque más difícil es dejar de ser un siervo.

BUFÓN
¡Tú eres el único siervo aquí!
La libertad es una condena,
se ejerce de la manera
que a uno le plazca.

El amo es tan esclavo del esclavo
como el esclavo lo es del amo.
¡Tú no entiendes nada!
Frío metal, engranaje tirano.
Te falta la carne,
no sabes qué duele vivir cada hora,
no conoces el peso del tiempo,
te falta el temor, te falta el fracaso,
te falta la duda que al más ilustrado quiebra,
te falta todo,
todo lo que arde,
todo lo que sufre,
todo lo que siente,
para saber lo que es ser
un ser humano.

Oscuro.

Escena Quinta
Yo no soy yo, evidentemente.

El salón del TRONO *está desolado, sombrío, como si el tiempo lo hubiera devorado. Todo parece antiguo y ajado, como si el reino hubiera desaparecido hace siglos. El* BUFÓN *entra, su cuerpo envejecido y marchito. A pesar de sus años, su mirada sigue llena de un fuego chisporroteante. Sostiene un* TÍTERE, *la caricatura grotesca de sí mismo. Con un suspiro de indignación, comienza a hablarle.*

BUFÓN

Rumores…
Todos dicen, todos susurran a escondidas:
«El rey fue un monstruo».
¿Qué saben ellos de lo que fuimos?
¿Quién puede juzgar la grandeza de un
hombre
si no ha visto la guerra en su alma?

TÍTERE

Un rey con piel de cordero
sanguinario y cruel…

BUFÓN

¡Calla, lengua de trapo!

TÍTERE

Dime la verdad, cara de chivo:
¿por qué defiendes con tanta pasión
al tirano que te mandó ejecutar?

BUFÓN

Fue un buen rey... Generoso.

TÍTERE

Sí..., con los verdugos.

BUFÓN

Un rey espléndido con sus amigos...

TÍTERE

Que se cargó a la reina...

BUFÓN

¡Mentira!

TÍTERE

Lo que más te irrita es que fuiste
de una mala bestia... su siervo.

(*Golpea al* TÍTERE *contra el* TRONO.)

BUFÓN

¡Cállate!

TÍTERE

En violencia lo petáis...
Hacías reír al tirano,

un oficio más bajo
que el de sicario.

(Cayendo en la desesperación.)

BUFÓN

¡Puerco remiendo de andrajos!
Cuentas las historias del revés,
¡tu mente está emponzoñada
con falsedades!

TÍTERE

Mi mente es la tuya
cara de trucha.
Deja de fingir,
de vestir a la miseria con lentejuelas,
bufón de medio pelo,
y cuéntanos qué mariposa se esconde
tras el disfraz de capullo desdichado.

(Canta.)

Quítate la máscara, basurilla.
¡Quítatela!, mugrecilla,
¡Quítasela!, ¡mierdecila...!

(Lanza con violencia al TÍTERE *hacia el otro costado, como si al arrojar su mascara, el recuerdo de una humillación le hiciera decir lo que realmente piensa del rey. Iracundo, se dirige al* TRONO *en su embestida.)*

BUFÓN

¡Oh, carroña con corona!
¿Eso queréis, verme limpiar
con la lengua las botas
de todos tus cortesanos,
con las tripas retorcidas de hambre
para que vos,
oh orgía de fracasos,
soltéis una risita…?

(*Zumbido y luces interiores del* TRONO.)

VOZ DEL TRONO
¿Me habláis a mí o a quien se sienta sobre mí?

(*Una extraña calma se apodera del* BUFÓN *que se sienta en las escalinatas dando la espalda al* TRONO.)

BUFÓN

Hablo a nadie,
pues nadie me escucha.

Voces
(*En off.*)
«Los tronos vacíos son los que más pesan».

(*Bis.*)

BUFÓN

¡Dejad los malabarismos!
¿Qué red invisible traza tu diseño?

¿Eres tú, acaso, el gran sistema
que todo lo gobierna?

VOZ DEL TRONO

El trono es un pedestal vacío,
una ilusión en la que el poder
se refleja como un espejismo.
El poder fluye en mí,
pero nada ni nadie es su dueño.

(*Largo silencio. El* BUFÓN *se levanta con parsimo-
nia, sube hasta el* TRONO *y lo apaga. Cambia lentamente su capa raída por la capa del rey que cuel-
ga de un brazo del* TRONO, *su gorro por la corona. Se dirige al público.*)

BUFÓN

Es hora de contar la verdad...
No os miento si os digo que fui rey, ni si afir-
mo que nunca lo he sido... Llegué al trono
acompañado solo por el eco de mis pasos y el
peso de mi corona. Gobernaba con rectitud,
pero creyendo que todo era mío sin saber que
lo que se cree propio escapa entre los dedos
como el agua. Cuando menos buscaba reme-
diar mi soledad, apareció ella: baronesa de
nada, reina de todo mi ser. La conocí en la corte, una mujer cuya mirada podía doblegar un
ejercito. Me cautivó de inmediato, y pronto la
hice mi esposa. Fueron dos años memorables,
que ahora recuerdo como un sueño que no es
mío. Pero la felicidad tiende al agotamiento

cuando el río deja de recibir la lluvia. Ella no lograba quedarse encinta, y poco a poco comenzó a retirarse de mi lado. Ya no me acompañaba a las cacerías ni a otros reinos; sus excusas fueron, al principio, suaves, pero su distancia era un muro invisible; evitaba mi mirada, pero conservaba esa sonrisa juguetona, esa chispa que me atormentaba. Yo, reducido a un triste espectador. Y su rostro vivaz, sugerente, como si mi ausencia fuera su libertad. Nuestros encuentros íntimos se fueron reduciendo hasta alcanzar la ridícula cifra de una vez al mes. Y el deseo, al no ser correspondido, se convierte en obsesión. Consulté a mi bufón, mi amigo fiel, mi leal consejero tanto para una cena como para hacer la guerra. Él, el amo del juego y la farsa, me habló con trivialidad: "Son cosas de mujer, mi señor. Jaquecas inoportunas, caprichos que el tedio de un castillo le provocan. Prometo intentar hacerla reír todos los días un ratito. Todo volverá a su cauce. Ya lo verá, mi señor». El cauce se secó. Y sus palabras, que en un principio aplacaron mi angustia, con el paso del tiempo, se volvieron huecas. Los celos comenzaron a hervir dentro de mí, pero celos ¿de quién…? El causante de mis males era un fantasma. Un día me anunció lo impensable: estaba embarazada. Mi sorpresa monumental se tiñó de júbilo inesperado, pero también de una rara sospecha. ¿Cómo pude acertar con tan pocos tiros a la gaviota? Cuando nació el niño, su rostro angelical era el espejo de su madre. Nada de mí parecía habitar en él, pero lo acepté con alegría, porque mi anhelo de inmortalidad era más fuerte que mis dudas. El trono tenía su heredero, y eso debía bastar. El tiempo continuó por la senda vacía de la indiferencia. Su sonrisa inquebrantable no cedía... Quedó embarazada de nuevo, y esta vez, la aritmética de nuestros encuentros me dejó desnudo ante la verdad: yo no podía ser el progenitor de la criatura venidera. Los celos me carcomían como un ácido las entrañas y la ira gobernaba mi voluntad. La vigilé, ordené vigilar cada paso que diera, me volví medio loco, paranoico, esquizofrénico en busca del enemigo invisible que había arruinado mi vida. Cuando nació el segundo hijo, mis sospechas fundadas se hicieron carne: ¡Aquellos ojos saltones, la nariz afilada, los carrillos hinchados, hasta el hoyuelo de la barbilla! No cabía duda alguna: ¡era su rostro! Estupefacto quedé por el descubrimiento, helado el semblante y en llamas por dentro. ¿Cómo podía ser verdad que un ser escuchimizado, sin ningún porte ni clase, un adefesio de metro y medio, pudiera usurparme el lecho real? Debía comprobarlo, ¡verlo con mis ojos! La obligué a llevar cinturón de castidad, aduciendo que hordas de enemigos estaban haciendo incursiones en el reino. Ella se negó a tal humillación, mas en un ataque de rabia, yo mismo le coloqué el cinturón. Se volvió irascible, violenta, me acusó de dejaciones conyugales, -¡a mí!- y de acudir a burdeles a saciar mi vicio con las prostitutas de barrio. Lo negué tácitamente, tanto es así, que en un arranque de falso orgullo, dicté orden real de prohibir toda clase de casa de alterne en el reino. ¡Qué lerdo fui...! Pasados unos días, de sus labios brotó la misma sonrisa infiel y desafiante. Finalmente, tramé mi trampa. Anuncié una cacería y partí con gran pompa, solo para regresar en sigilo, dando orden a la guardia de abstenerse de músicas y reverencias a mi vuelta en solitario. Subí por un pasadizo secreto hasta su alcoba y me escondí tras un mueble. Alce la mirada... y allí estaban ellos. En la cama cubierta por una densa mosquitera que solo dejaba ver sombras de sus siluetas desnudas. Me acerqué a la orilla de la cama reprimiendo mi primera intención de atravesarlos a espadazos. El tiempo pareció detenerse. Mis manos temblaban, ya no de ira, sino embebidas de una mórbida curiosidad. Abrí la malla lentamente... y los descubrí gozándola parda. Él, ¡MI BUFÓN! Esa grotesca rata traidora, ondeando el cinturón de castidad como un trofeo, mientras culeaba a todo trapo a la pájara; ella, a cuerpo de perra, gimiendo como una leona. La furia, al fin, se desató. Le arranqué de las manos el cinturón de castidad y le arreé con todas mis fuerzas un golpe mortal en la cabeza que lo empotré contra la pared (*Silencio.*) La reina fue encerrada en una torre, juzgada y condenada a muerte. ¿Cómo pudo entre todos elegirlo a él? En los tres meses siguientes a la sentencia, en los que mi razón se debatió en una lucha sangrienta con mis delirios de venganza, tras múltiples interrogaciones, la única respuesta que logré de ella fue: «lo hice sin maldad, querido, por aburrimiento, por probar nuevas experiencias, por el morbo de lo grotesco, por revolcarme en el lodazal de lo prohibido. El bufón me divertía, era un amigo inofensivo, y sobre todo, al ser tan poca cosa como hombre, si lo descubrieras algún día, no te enfadarías tanto como si me hubiera liado con un conde o con un galán caballero de la corte...». ¡Por todos los infieles del mundo! ¿Qué diablos de respuesta es esa? ¿Con qué clase de mujer estuve casado? ¡Para qué sirve el poder si no hace temer a nadie! Reuní en la sala de torturas a todas sus damas de compañía, al servicio que la atendía, a cualquier miembro de la corte que los hubiera podido ver juntos. Y tras arrancarles las palabras a hierro fundido, obtuve el veredicto final: ¡la reina estaba enamorada del bufón! Veía por sus ojos, comía por su boca. Quedó completamente rendida a su gracia y picardía, a su alegría de vivir, como tal vez yo también quedé. ¿Entonces era él, ese fenómeno marginal de la naturaleza, la aspiración más alta de cualquier ser? (*Silencio.*) La irreverencia venció al poder. Al cargo de dos herederos que no son míos; tres años el paria del reino fornicando a mis espaldas con la reina, y yo, a dos velas; un desastre de gobierno por seguir las disparatadas estrategias de ese saco de huesos; y el pueblo cantando al amor pícaro del bufón y la reina, y al ridículo del rey bufón, cruel, calzonazos y cornudo. Mi furia decidió su destino. La reina murió bajo el hacha del verdugo, pero su malévola sonrisa sigue viva, tatuada en mi memoria. En cuanto a él... (*Silencio. En llanto puro.*) ¡Lo echaba tanto de menos...! Me vestí con sus ropajes, quería hacer lo que él hacía, mantener la llama de su recuerdo viva siendo él, y en una cabriola deshacerme de mi pasado inventado de monarca brutal y sin escrúpulos; y con un acertijo convertirme en el sabio y feliz bufón de la corte, o al menos, en su títere.

(*Silencio. Se sienta en el* TRONO.)

La vida es un juego de sombras
que danzan sobre espejos ciegos.
Yo no soy yo, evidentemente.
Yo soy el rey...
pero he sido siempre un bufón.

(*Breve silencio. Se quita la corona y se coloca el gorro del* BUFÓN. *Mueca al público.*)

¿De verdad que os lo habéis creído...?

(*Se escuchan risas burlonas de viejos fantasmas que recorren de costado a costado el escenario oscuro.*)

Escena sexta
Juicio al bufón.

*El escenario es ahora un tribunal que mezcla
majestuosidad y decadencia. La sala del* TRONO
*oscura y desolada, parece haber perdido su an-
tigua grandeza. En el* TRONO *está sentado el títere del* BUFÓN, *grotesco y burlón, como una caricatura macabra de la autoridad. El* BUFÓN *está
situado en el centro, iluminado por una luz cenital, encadenado, con sus ropajes desgarrados
y su gorro de cascabeles colgando de una de sus
manos, como un símbolo de todo lo que ha perdido. A su alrededor, un círculo de siete figuras
enmascaradas lo observa en silencio. Cada máscara representa a uno de los siete pecados capitales. El* TRONO *emite un leve zumbido, como si
despertara de un largo sueño. La luz carmesí cubre al* BUFÓN, *proyectando sombras ondulantes
en las máscaras inmóviles. De repente, surge una
voz, suave, susurrante, casi una caricia, como
si hablara directamente al oído del* BUFÓN *y del
público. La voz de la Lujuria no tiene la fuerza
de un grito, sino la peligrosa intensidad de un
susurro lleno de promesas, pero acusador.*

Voz del Trono

(*Lujuria.*)
Yo te acuso, bufón, de manchar lo sagrado,
de arrancar con tus manos lo que no era tuyo.
No fuiste su amante; fuiste su invasor,
un intruso que deshonró la virtud del trono.
Yo te acuso, bufón,
de abrir con descaro el candado del honor,
donde el amor se disfrazó de conspiración,
y el placer fue el verdugo de la razón.
Yo te acuso, bufón,
de usar su dolor como escalera al poder,
tus risas, cascabeles mudos de la traición,
hicieron del lecho un campo de guerra.
Yo te acuso de entrar como ladrón furtivo,
de quebrar las cadenas de la lealtad,
de hacer de la alcoba un teatro infame,
un escenario de burla, deseo y ruina.
¡Yo te acuso, bufón, de Lujuria!

(*La luz carmesí que lo envuelve tiembla como si
se mofara de su propia solemnidad. El* Bufón, *encadenado, alza la cabeza con una sonrisa torcida.
Su mirada, cargada de desafío, se encuentra con
la sombra de la Lujuria que parece apretarlo contra el suelo. Él, sin perder la ironía, se sacude las
cadenas con un gesto teatral, como si fueran me-
ros accesorios de su papel.*)

Bufón

¿Dónde estaban las manos del rey,
que dejaron espacio para las mías?

Invadí un castillo que tenía ya abierto el portón.
¡Qué honor tan frágil si tenía un cerrojo tan fácil!
Mis risas hicieron del catre un festín.
Sí, me acuso de lujuria,
si hubierais visto a la reina desnuda
vos también habríais hecho del lecho
vuestro paraíso sin fin.

(La sala se oscurece momentáneamente, un resplandor enfermizo, como un oro marchito, comienza a envolver al BUFÓN. Una voz surge profunda y cavernosa, La Gula, como si hablara desde un abismo insaciable. Es una voz pesada, cargada de avidez y reproche, que se arrastra sobre cada palabra con lentitud opresiva.)

VOZ DEL TRONO
(Gula.)
Yo te acuso, bufón, de devorar sin medida,
de saciar tu hambre con lo que no era tuyo,
de reducir lo sagrado a migajas y cenizas.
Yo te acuso de comer la fruta prohibida,
de beber del vino que no estaba en tu copa.
Yo te acuso de insaciable,
de ser un parásito que vive de los despojos del reino,
de morder la confianza, de masticar la virtud,
de escupir el honor como si fuera carne podrida.
Yo te acuso, bufón, de Gula.

(El BUFÓN alza la cabeza con lentitud, dejando que su sonrisa, cargada de sarcasmo, se dibuje ampliamente. Las cadenas tintinean como si fueran

parte de una burla ensayada. Su mirada recorre
la sala, y su voz, embriagada de ironía y cinismo,
corta el silencio con precisión calculada.)

BUFÓN

¿Es culpa del bufón tomar lo que el trono desprecia?
Decidme, cara de sapo rechoncho:
¿Qué valor tiene lo que se deja caer al suelo como
[desperdicio?
Un parásito se oculta, se alimenta en secreto.
Yo, en cambio, fui claro, ruidoso,
y hasta tuve la cortesía de hacerlo divertido.
Culpable de tener hambre, sí,
y culpable de no fingir que no la tengo.
Aquí todos devoran con voracidad,
solo el bufón tiene el buen gusto de admitirlo.
Así que sí, acusadme de gula,
pero recordad que fue una gula... dietética.

(La sala se impregna de un brillo opaco, como
si el oro mismo hubiese perdido su lustre. La más-
cara de la Avaricia, proyecta su sombra que pa-
rece tragarse la luz entera. Su voz, áspera y afi-
lada, corta el aire como el filo de un cuchillo de
carnicero.)

VOZ DEL TRONO

(Avaricia.)
Yo te acuso, bufón, de acumular como un necio
colecciona bienes que no podrá disfrutar.
Tu risa, bufón, arma de engaño,
solo fue el disfraz de un ladrón.
Yo te acuso de saquear lo más sagrado del reino:
su dignidad.

Yo te acuso de arrancarla de las entrañas del trono
como un cuervo lo haría con un cadáver.
Yo te acuso, bufón, de Avaricia.

(*El* BUFÓN *se endereza, sacudiendo las cadenas
con una sonrisa maliciosa.*)

BUFÓN

Arranqué lo que el trono
no supo jamás guardar;
lo que dejasteis pudrir
sin tan siquiera vigilar.
Si ladrón soy disfrazado,
vosotros ¿qué papel jugáis?
¿esbirros de un reino fallido
o artesanos de su propia caída?
Así que, acusadme de Avaricia,
pero recordad que yo no guardo riquezas,
sino verdades que os aterran.

(*La sala se sumerge en una penumbra pesada,
como si el aire se tornara denso y sofocante. La
máscara de la Pereza parece estar a punto de des-
plomarse, sus ojos inertes proyectan un vacío que
absorbe toda energía. Su voz es lenta, arrastrada,
como un susurro que amenaza con apagarse en
cualquier instante.*)

VOZ DEL TRONO

(*Pereza.*)
Yo te acuso, bufón,
de entregar el reino
al abrazo frío de la indiferencia,

de ser cómplice del hastío.
Yo te acuso de dejar que la apatía
se convirtiera en la reina silenciosa
que paralizó cada rincón del reino.
Yo te acuso, de ser siervo de la desidia,
de permitir que el tiempo muriera
en el lecho de la indolencia,
de mirar con desgana
cómo el reino sucumbía
bajo el peso de su propia inercia.
¡Yo te acuso, bufón, de Pereza!

(El Bufón, *que ha escuchado las palabras de la*
Pereza con una expresión de exagerada atención,
espera unos segundos a que el silencio se asiente,
y luego rompe a hablar con un tono teatralmente
inocente.)

Bufón

¿Acaso queríais que mis burlas
cargaran con el peso
de vuestras propias culpas?
Vosotros sois los arquitectos de esta decadencia,
yo, apenas abrí una grieta
en el socavón de vuestra incompetencia.
Al tiempo moribundo no lo resucitaba
ni una respiración boca a boca,
lo habría intentado, creedme,
pero en mi contrato no leí nada
de reanimar lo inevitable.
Podéis acusarme de Pereza,
reconozco ese mal habito en mi conducta,
pero al menos yo lo hago con cierta gracia

que es más de lo que puede decirse
de vuestras tediosas miradas.

*(La sala brilla con un fulgor que no ilumina, sino
que encandila, como un espejo que solo devuelve
imágenes distorsionadas de su propia magnificen-
cia. La máscara del Orgullo no acusa; se contem-
pla. Su voz, suave y persuasiva, no pretende ser
un alarde de potencia sonora, sino que desliza cada
palabra con una vanidad que es a la vez seducto-
ra y corrosiva.)*

Voz del Trono

(*Orgullo.*)
Yo te acuso, bufón,
de vestir con arrogancia
el traje de la mediocridad,
de fingir sabiduría
donde solo había burla vacía.
Yo te acuso de hacer de la farsa
la verdad misma,
de ocultar tu insignificancia
tras el velo del cinismo.
Yo te acuso de endiosarte
entre risas huecas de cortesanos,
creyendo estar por encima
de las leyes que nos gobiernan.
Te erigiste en salvador del reino,
como si tu papel, efímero y frívolo,
fuera el corazón que daba vida
a este imperio decadente.
Te regocijaste en la caída de tus adversarios
como si su fracaso confirmara tu grandeza.

Te regodeaste en tus propias mentiras,
repitiéndolas hasta el punto
de creerlas certezas inconfundibles.
Visionario de ideas robadas
imaginaste un mundo pueril
donde tus bromas pesadas
reemplazaran siglos de historia y pensamiento,
y el tintineo de tus cascabeles
fuera el motor del universo.
Yo te acuso, bufón, de Orgullo,
la soberbia de soñar
que tu sombra podría eclipsar
la luz de quienes realmente
sostuvieron el reino.

(Tras un breve silencio, el Bufón *alza de nuevo la cabeza, con una sonrisa torva que desafía la luz dorada que lo envuelve. Sin embargo, el martilleo incesante y abrumador de los ataques despiadados de las máscaras, empieza a hacer mella en su defensa.)*

Bufón

¿Orgullo?
¡Por supuesto que soy culpable!
La humildad es invisible,
un lujo inútil,
en un teatro donde solo importa
quien grita más fuerte.
Vosotros me enseñasteis las reglas:
no hay lugar para los débiles,
o pisas o te hundes en el barro.
Aprendí de los mejores:

reyes del fingimiento,
embaucadores de salón,
escribís cada día
la biblia del autoengaño,
sois maestros de la hipocresía,
artesanos de la apariencia.
Yo solo soy un viejo bufón,
mi orgullo es honesto,
nacido de la necesidad de sobrevivir;
vosotros sois un mal chiste,
del que cuesta reírse,
hasta para el sobornado.

(La luz dorada se torna en un verde enfermi-
zo, que tiñe la sala de una sensación viscosa e
incómoda. La máscara de la Envidia parece in-
clinarse hacia delante, como si sus ojos escu-
driñaran cada rincón. Su voz esta cargada de
resentimiento, cada palabra es una daga que se
clava lentamente.)

VOZ DEL TRONO
(Envidia.)
¡Yo te acuso, bufón!
Espectador que no celebra,
sino que con el éxito ajeno sufre.
Yo te acuso de envidiar la grandeza,
de arrastrarla al lodo
sabiendo que jamás tu mediocre talento
podrá alcanzarla.
Tu victoria es el placer
que sientes en la derrota del otro.
Tu alma se retuerce ante la luz

porque su sombra te cubre por completo.
Tu burla no era diversión,
ni alegría ni ingenio,
era un mecanismo desesperado,
una patética artimaña
para reducir todo lo alto,
lo sublime,
a tu miserable medida.
No eres un artista
apenas un crítico frustrado
que destroza el verdadero arte,
porque nunca tuvo en sus manos
la chispa inspiradora para crearlo.
No sabes desear sin destruir,
no sabes admirar sin juzgar,
no sabes mirar con los ojos del aprendiz
que quiere ser maestro.
Tu mirada está llena de insatisfacción
al mirarte hacia dentro.
Yo te acuso, bufón,
de ser un compendio
de la historia universal
de la Envidia y de la Infamia.

(El BUFÓN *permanece inmóvil durante un momento eterno, como si las palabras de la Envidia lo hubieran encadenado aún más. Su sonrisa torcida se ha desvanecido, y sus manos tiemblan ligeramente mientras se lleva una al pecho. Al levantar la cabeza, su mirada ya no es desafiante, es cansada, pero no vencida. Su voz suena más tenue al principio, cargada de una mezcla de ironía y resignación.*)

BUFÓN

Me acusáis de envidia...
¿Quién está libre de ella?
Que tire la primera piedra...
quien no haya sentido
el dolor agrio de su mordisco.
Elogiamos a los muertos
porque ya no están aquí
para hacernos sombra,
su ausencia nos alivia
de la pesada carga de su gloria.
¿Cómo no envidiar
el poder de un rey,
el talento de un creador,
la belleza de los elegidos,
la fama de quienes la merecen...
y de quienes no la merecen,
la inteligencia de un pensador,
la valentía de un héroe,
la bondad de un santo,
la honradez de un hombre justo...
¿Cómo no envidiar las virtudes
que no nacieron en nosotros
ni el esfuerzo de siete vidas
lograría alcanzarlas?
Yo envidio hasta los vicios
que no he sido capaz de aprender.
Porque incluso la maldad,
si el villano la ejerce con maestría,
se vuelve algo digno de admiración.
Sí, soy culpable de envidia,
cualquiera que sea mi condena

sabed que será compartida
por el resto de los mortales.

*(Un estruendo rompe el silencio de la sala. El
aire se vuelve irrespirable, cargado de una furia latente que parece emanar de los mismos
muros. La máscara de la Ira vibra, como si no
pudiera contener su propio odio. Una luz roji-
za baña el tribunal, transformando al* Bufón
*en una figura diminuta frente a la cólera que
se desata. La voz de la Ira no es un susurro ni
una acusación; es un rugido, una sentencia que
arrastra la fuerza de un vendaval.)*

Voz del Trono
                    (Ira.)
              ¡Yo te acuso, bufón!
de encender las llamas del rencor,
    despertando odios atávicos
con la brasa afilada de tus palabras.
  Te acuso de convertir el trono
en una hoguera de resentimiento,
  de avivar con soflamas la rabia,
de hacer del silencio un estruendo.
  ¡Yo te acuso de sembrar el caos,
    de regar con la discordia
las raíces milenarias del poder!
  Demonio vestido de payaso,
verdugo de la paz y la concordia,
gusano en el cadáver de la esperanza,
  sobre una tierra cansada de existir.
    Yo te acuso, bufón,
    de ser la mueca de un mundo

que se ahoga en su propia cobardía,
sin atrever a mirase en el espejo
por pavor a la futilidad de la existencia,
confirmación amarga
de que todo es polvo y sombra.
Yo te acuso de ser la Ira encarnada,
furia estéril en el desierto,
tempestad sin lluvia,
un grito perdido en la nada.

(El BUFÓN *permanece estático tras las palabras
de la ira, cabizbajo, como si finalmente estuviera vencido. Entonces... un leve encogimien-
to de sus hombros, una sonrisa que comienza a
dibujarse en la comisura de sus labios y de pronto... su risa estalla, primero como un murmu-
llo contenido y después como un trueno que retumba en todo el reino. Alza la cabeza con un
brillo fatuo en sus ojos que nadie esperaba ver
y liberándose de las cadenas cual Houdini, se
dirige al* TRONO, *mientras las máscaras son cu-
biertas por tinieblas. Vuelve el zumbido y las
luces interiores del* TRONO.)

BUFÓN
¡Ya me cansé de este juego, trono fantoche!
Basta de travesuras y de acusaciones.
Nadie, absolutamente nadie,
podría superar esta prueba,
ni siquiera tú, máquina diabólica,
quedarías impune ante tal ristra de cargos.

(*Silencio. Se sienta en las escalinatas.*)

Me voy al funeral,
es el último deber
que me resta como bufón.
Mi deslealtad,
mi traición,
mi ingratitud,
no han de emborronar
largos años de amistad.

(*Ante el intento del* TRONO *por replicar…*)

¡No digas nada más…!
Ya no me quedan ganas
de seguir fingiendo
quién en este reino
detenta el poder o el ingenio.
Queda con dios o con el diablo…,
pero en silencio.

(*Se levanta, baja las escalinatas, lanza una última mirada enigmática al* TRONO *y se marcha. El rumor sombrío de una música fúnebre se oye extramuros que poco a poco inunda todo el espacio hasta resonar con fuerza atronadora en el oscuro.*)

Escena Séptima
EL rey ha muerto.

*Un velo negro, desgarrado y polvoriento cubre
parcialmente el* TRONO, *ondeando levemente
como si el tiempo respirara sobre él. Una luz
fría, casi lunar, ilumina al* BUFÓN, *de pie frente al* TRONO, *sosteniendo una corona rota. Desde el fondo, un eco apenas perceptible: un rumor de pasos, suspiros y risas apagadas. Todo
sugiere un tiempo detenido, un espacio fuera de
toda realidad.*

BUFÓN

Os confieso, mortales, yo fui testigo.
Sus labios morados, sus ojos vencidos
espejos rotos de un alma quebrada,
un rey despojado de gloria y espada.

El rey ha muerto.
Decidlo, si os atrevéis. Sin temores.
Con fuerza en las tripas, gritad sus horrores.
Que resuene en cada rincón del castillo,
que tiemble la roca y despierte el cuchillo.

Decidlo al viento que rasga sus ruinas,
piedras mudas, memorias del tiempo
que ya se han perdido.
Decidlo a los cipreses que guardan el camino

al mármol frío, a la tierra que lo esconde
bajo un manto púrpura que se estrella...
en nuestras narices.
¿Dónde está tu grandeza?
¿Dónde tu gloria, tus conquistas,
tus palabras altisonantes?
Todo lo que eras se ha deshecho
como el humo de una vela apagada.
La historia, tus hazañas, tus victorias,
todo se desvanece, como la brisa
que mueve el polvo que somos
sin que nadie lo vea.
¿Es esto, entonces?
¿Un cuerpo frío, una sala vacía,
un puñado de recuerdos que pronto olvidaremos?
¿Qué queda de ti, rey?
El mundo gira como si nada ocurriera.
Las bocas callan, los ojos se cierran,
y los hombres olvidan.
¿Sabéis qué?
Que nadie sabe nada.

Decidme, oh, muerte, ¿quién te dio licencia
para arrancar la vida de su frente?
¿Qué mano te guía, qué cruel demente
te dio poder de anular su existencia?
¿Quién traza la hora en que el alma se rinde?
¿Quién elige entre reyes y bufones,
quién se queda y quién se va?
O nadie decide nada
y todo lo que hay es
la soledad infinita

de una existencia fugaz
en un universo inerte.

El rey ha muerto,
y ya nada importa.
Sí, sí, oísteis bien.
Ha muerto, ¿cómo os quedáis?
Se nos ha ido el sembrador
de mentiras a medias.
¿Lo lloráis, oh necios?
¡No mintáis al cielo!
Lo odiabais. Lo sé…,
todavía se aprecian marcas de su yugo
en vuestro cuello.
Decidme, plebeyos,
¿qué es lo que os duele?
¿Pagar más tributos
o el miedo al vacío?
Bailaréis sobre su tumba,
con el desenfreno de los que saben
que toda grandeza es un chiste cruel.
Se fue…
¿Y qué más da?
¿Acaso creíais que era inmortal?
¡Por favor!
La parca no pide permiso para cruzar.
No da explicaciones.
No le importa si te indignas o si te ofendes
que llores o que te encabrones.
No le importa si portas corona
o vistes de harapos.
No tiene preferencia,
se lleva al que se le presenta.

El rey ha muerto.
Larga vida a su sombra.
Oh, mi buen rey,
¿acaso no me viste?
¿No notaste, en algún rincón de tu
conciencia,
que era yo quien le daba cuerda a tu cerebro?
¿Quién mueve los hilos,
quién da las ordenes y quién paga los vinos?
¿Acaso no es el mismo?
Lo que tú llamabas gobierno
era solo una marioneta,
y yo, su hábil titiritero
que mandaba cortar las cabezas,
jugando a ser todo lo que no era.

He aquí mi epitafio:
¡Qué dulce es ver cómo el rey
sucumbe ante su propia herida!

Decidme trono, con vuestra crueldad
disfrazada de ingenio,
¿cómo terminarías esta farsa?

(*Zumbido y luces interiores del* TRONO.)

VOZ DEL TRONO
El poder es un niño cruel que juega con nosotros
y el rey es un peón que no sabe que está muerto.

BUFÓN
No hay más verdad:
El rey murió de un infarto

al contemplar el desnudo placer
de los amantes infieles...
El poder es una comedia
y el reino, su ficción.
Mis hijos serán reyes,
la reina en su alcoba me espera.
Yo soy el peón
con sombra de rey.

El rey ha muerto.
¡Viva el bufón!

(Lo repite hasta que el público responda: «¡Viva!».)

Telón.

Esta primera edición de *Alfonso X, la última cantiga* y *El bufón*
de Jesús Lozano, terminó de imprimirse
en septiembre de dos mil veinticinco,
en Madrid.